U0003639

別傻了 這才是
沖繩

泡盛・花襯衫・不會騎單車…49個不為人知的潛規則

●都會生活研究專案——著
●卓惠娟——譯

OKINAWA
沖縄ルール

序言

悠閒地任時間流逝，療癒的島國——沖繩。

但是，在平靜的表面下，這個地方似乎住著令人上癮到「病態」的「迷人怪物」。

不，說是「病態」，並不是什麼詭異的疾病。真要說的話，應該叫「沖繩中毒」。許多人原本帶著輕鬆的心情去沖繩玩玩，不知不覺間，竟然覺得：「無法想像沒有沖繩的生活」！就這樣中了沖繩的毒。

有人是因為憧憬沖繩的自然美景或大海，為了隨時都可以衝浪而移居沖繩。也有沉迷於沖繩音樂、舞蹈或是沖繩食物的人。

有些人甚至拜倒於沖繩獨特的「大而化之」（TEEGEE，沖繩腔的不拘小節）文化，不自覺地比沖繩人更大而化之（!?）。

沖繩這個「迷人怪物」，在不同的人、不同的觀點下，究竟會映照出哪些風采呢？

該從何剖析沖繩？

從什麼觀點來看沖繩？

就像沖繩的代表料理「什錦炒」般，沖繩具有千變萬化的多樣面貌，有些地方如苦瓜般帶著些微苦澀，有些又像是午餐肉（沖繩習慣稱為PORK）般漂散著異國的香氣，有些則又如豆腐般帶有純正的日本風……。

要是想把這些一一確實品嚐（理解），或許反而會走入死巷無法脫身。所以本書選擇走沖繩風，大而化之。隨心所欲地感受混和獨特的風味（魅力），才是正確充分享受沖繩的方式。若是本書能讓讀者從什錦炒料理中，發現隱藏的沖繩新魅力，將是本團隊最開心的事！

都會生活研究專案代表　大澤玲子

目錄　別傻了　這才是沖繩

交通篇

購物篇

Okinawa Rules

食物篇

Okinawa Rules

街道篇

Okinawa Rules

詞彙・人際關係篇

Okinawa Rules

番外篇

Okinawa Rules

本書中常見的沖繩基本詞彙

首先說明一下沖繩的用語，好讓讀者在閱讀本書前能有個基本的認識。這些是在談到沖繩時不可或缺的詞彙，也是與沖繩人交談時頻繁出現的用語。

為避免在和沖繩人交談時，頻頻打斷對方問「什麼意思？」而掃興，確實掌握這些詞彙的意義吧！

沖繩人（UCHINAANCHU）　「UCHINAA」是指沖繩，「CHU」是指人，所以意思是沖繩人。指在沖繩出生的人（要注意沖繩本島以外的離島不包括在內，請參閱第九〇頁）。

內地、**大和**（NAICHI／YAMATO）　沖繩縣以外的區域，也就是日本本土。沖繩人口中的「大和」，正式發音是「YAMATOU」。

內地人、**大和人**（NAICHAA／YAMATOCHU）　住在內地（大和）的人，換句話說就是住在日本本土的人。

沖繩口音（UCHINAA-GUCHI）　就是沖繩方言。內地的人說的標準日語稱為「大和口音（YAMATOU-GUCHI）」。夾雜了沖繩方言及標準日語的現代沖繩方言，則稱為「沖繩大和口音（UCHINAA-YAMATOU-GUCHI）」。

什錦炒（CHANPURUU）　一般指蔬菜炒豆腐料理（例如什錦炒苦瓜）。由於這個字含有「混合在一起」的意思，所以歷史性而言，由日本（本土）、中國、美國等文化融合而成的獨特沖繩文化，稱為「什錦炒文化」。

阿公／阿嬤（OJII／OBAA）　沖繩的老爺爺及老奶奶。在虔誠祭祀祖先的沖繩，仍有著敬老尊賢的文化。其中阿嬤的地位更是重要無比！

大而化之（TEEGEE）　沖繩人個性「大而化之」，不會針對一個問題窮追猛打。說好聽點是不拘小節，說難聽點就是隨便……

沖繩時間（UCHINAA-TIME）　位於南方的沖繩，時間總是悠閒地流逝。事情不會按時進展，有著拖拖拉拉的缺點，不過因為大而化之主義，不容易釀成嚴重的問題。「沖繩＝長壽縣」的秘密，或許就是名符其實的「慢活」主義。

車到山前必有路（NANKURUNAISAA）　意思是就算有問題，也會船到橋頭自然直，所以不需要擔心。常用來安慰或鼓勵沮喪的人。

其他　沖繩人說話有把語尾拉長的習慣（遇到名詞也相同，例如「苦瓜」說成「苦瓜～」）。因此連文章中出現的對話或名詞語尾也會拉長。沖繩人之所以看來一副悠哉的樣子，和拉長語尾的習慣也有關係。

Okinawa Rules

交通篇

購物篇

食物篇

街道篇

詞彙．人際關係篇

番外篇

潛規則1

步行距離超過十分鐘，就會毫不猶豫地開車

為了消除肥胖，日本全國各地吹起健走風潮，採取提前一站下車步行、不搭電梯走樓梯等等對策，不過儘管如此，沖繩人還是始終不變地與眾人背道而馳。

想要燃燒脂肪，據說至少要健走二十分鐘以上才有效，但要沖繩人走這麼長（！）的時間，可說是門都沒有。「要我走十五分鐘以上，簡直要我的命[1]」是一般沖繩人的心聲，就算走路只要五分鐘，也要開車去。

當然，居住的地方不同也多少會有差別。住在單軌電車「yui-rail」行駛範圍的那霸市民，和其他地區相比，還算走得較多的人種。但是，一到大眾交通工具受限制的地區，居民對汽車的依賴程度就高得令人吃驚。基本上，平均每個人有一輛車，所以家裡的車庫停了四、五輛車根本不足為奇，出門就直覺性地跳上車。

而且，「在炎炎夏日下走路有害身體健康」（？）是沖繩的基本常識。尤其離島，只有觀光客才會頂著太陽在路上走。熱愛健走的觀光客最好要有心理準備，被開車的沖繩人當作「稀有動物」行注目禮。

此外，可能是因為不習慣步行，所以沖繩人走路的速度通常也很慢。應該說，基本上都是開車代步，所以沒有「快步走」的概念。

所以，和沖繩人一起並肩走路時，不要急著往前衝，要放慢腳步。萬一不小心在大熱天，把「為了運動，我們用走的吧！」說溜了嘴，很容易被當作「FURAA」（沖繩話的意思是笨蛋、傻瓜），千萬要注意。

碰！
探長！發生案件了！
了解！
立刻去現場！
遵命！
遵命！
喔咿！
喔咿！
喔咿！
喔咿！
犯罪現場
好大膽
竟然在警察局前面搶劫！
鬧鬧
吵吵
請讓路！
嘰—！
※走路30秒
警察署

潛規則2

不騎（不會騎）腳踏車

Okinawa Rules

「腳踏車？我沒騎過耶～」要是從沖繩人口中聽到這句話，可別大驚小怪。就和很少人走路一樣，騎腳踏車的人少也是沖繩的特徵，不會騎腳踏車也一點都不稀奇。在腳踏車普及之前，汽車就已經是基本的代步工具，而且除了單軌電車沒有其他的鐵路，導致騎腳踏車並不普遍。此外，氣候及環境因素影響也很大。

總之，沖繩人的藉口是「騎腳踏車又熱又累」。就算走路只要五分鐘，他們也要坐車，基本上，根本不會把腳踏車列入考慮。另外，對女性來說，曬黑可是致命傷。陽傘是沖繩女性的防曬工具，這點在之後還會提到。反正，在皮膚白晰才受歡迎的沖繩，腳踏車可無法贏得女人心。

再者，沖繩這塊土地其實也不適合以腳踏車作為代步工具。沖繩本島坡道多，騎腳踏車絕對讓人累到上氣不接下氣。而且街上主要都是汽車，交通網的規劃對行人及腳踏車並不友善，很多時候只能被迫使用天橋。加上沖繩的馬路瀝青中混和了珊瑚粉，導致容易打滑。腳踏車也容易因鹽害而生鏽，這點和汽車一樣……種種因素造成儘管在日本本土越來越多以腳踏車通勤的上班族，但在沖繩仍屬少數族群。就算買了名牌登山車，在沒被讚美以前車就先生鏽了。所以在以車代步的沖繩，不要做無謂的抵抗，乖乖地開車才算識時務。當然，遇到「不會騎腳踏車」的沖繩人，也絕對不能嘲笑他。

雖然沖繩人不（會）騎腳踏車
不過，從一九八九年起，每年舉辦的「環沖繩自行車大賽」(Tour de Okinawa)都會吸引來自全國各地的自行車騎士參加
我叫島次郎，今年第一次參加環沖繩自行車大賽
撲通
撲通
啊！好緊張……
小哥（ニーニー）天氣很熱，要加油喔！
不能輸啊！
你行的！
為素昧平生的我那麼拚命加油……沖繩人一定是很熱愛腳踏車吧！
真感動！
給我Orion啤酒
只是喜歡加油（湊熱鬧）
真好喝！

小哥，你的腳踏車還真不錯呢～
啊，你懂車嗎？
真好，好想騎騎看喔～
只騎一下的話
你騎騎看，反正還沒要上場
卡式踏板可能不太好騎
可以嗎？好開心～
應聲摔倒！
哎呀！痛死我了！
（AGA゜）
再好的腳踏車也不會騎吶～
哈哈哈哈！
應該說你根本沒騎過吧～
沒騎過腳踏車!?
愣住！
根本不會騎？？

潛規則3

酒駕根本稀鬆平常！（以前）

Okinawa Rules

就如第十三頁的說明，在沖繩基本上習慣以車代步。

再加上……又愛喝酒。

這麼一來，酒後開車根本就是家常便飯嘛！

二〇〇六年，由於日本加強取締酒駕，所以酒後駕車的勇者確實少了很多。不過，如果是以前，停車場可是沖繩居酒屋的標準配備，大家都抱持著「要喝酒就開車去！」的心態。

警察因為不想逮捕自家人，對加強臨檢據說也是戰戰兢兢（順帶一提，沖繩人喝酒聚會大多很晚才開始，一直喝到天亮，所以通常是在大清早實施臨檢）。聽說在離島，警察會是聚會中最早回家的人（避免被取締，給同事添麻煩）。

加強取締後，喝酒聚會後只能選擇搭計程車，或是尋求酒後代駕。沖繩的計程車比日本本土便宜得多（起跳行情為五百日圓），所以負擔不像其他縣市那麼大。而習慣開車上下班的沖繩人，有兩、三家愛用的酒後代駕車隊，更是司空見慣。

沖繩人喝酒聚會之所以會搞到三更半夜的主要原因，就是沒有「錯過最後一班電車而花大錢搭計程車！」的拘束。所以，參加沖繩的聚會就有長期抗戰的心理準備，事先把酒後代駕的電話存在手機裡吧！

潛規則4

基本上都買中古車

Okinawa Rules

說到每戶人家都有四～五輛車，或許會誤以為「沖繩有錢人很多嗎？」其實並沒有（實際上，沖繩個人平均所得之低，可是堂堂的日本第一……）。

事實上，沖繩人的車多半是中古車。錢包不夠深當然是一個原因，不過主要還是因為就算特地買了新車，也很容易生鏽。

由於四面環海，沖繩的風含有大量鹽分，因為這樣的「鹽害」，導致汽車等鐵製品容易生鏽。順便一提，不僅是汽車，連建築物的鋼筋水泥也會遭受鹽害威脅。

雖然沖繩的烤漆處理擁有特殊的防鏽技術，不過在沖繩開過的車和一般的中古車還是無法相提並論，賣不到什麼好價格。

因此，沖繩的中古車通常來自是日本本土，坊間還流傳把其他縣市的事故車輛銷到沖繩，再將還堪用的部分組合成「拼裝車」銷售的離譜風聲。還是該說，這種事正符合沖繩大而化之的風格呢？

因此，不論多麼喜歡車，在沖繩實在不建議不做任何防護措施，就開著BMW或賓士到處跑。一旦在海濱行駛，難得的高級車也會成了鹽害的犧牲品。

在沖繩，選擇車子要以作為「代步」為優先考量，不需要打腫臉充胖子。另外，勤奮洗車才是上策！

潛規則5

要小心「WA」字開頭的車牌

Okinawa Rules

一到春假或暑假旺季，觀光客數量會大幅爆增。沖繩以觀光收入為主要經濟來源，觀光客多固然是件好事。問題在於內地人（來自沖繩以外其他縣市的人。請參閱第八頁）開的車，也就是車牌號碼以「わ（WA）」字為開頭的租借車。

其中最麻煩的，就是春假畢旅季節會出現很多新手駕駛租車。不僅還不習慣上路，又對沖繩的路不熟，所以路上很多邊開邊慌慌張張找路的車，常常把跟在後面的沖繩人嚇得冷汗直流。

反之，若非新手駕駛，內地人多以高速奔馳，因此也很容易和當地人發生摩擦。

雖然因人而異，但沖繩人開車，基本上大多老神在在地慢慢開。就算變換車道，也是從容不迫地慢慢切換，完全就是沖繩時間（第九頁）的駕駛風格。利用高速公路能夠早點到達的概念，在沖繩人看來是「沒有急到必須花錢呀～」，所以多數沖繩人都會避走高速公路。

行事慢吞吞的傾向，在沖繩本島以外的離島或老年人駕駛時，情況尤其顯著。「阿公車」以四十公里的時速，龜速又安全地（？）緩慢行駛，後面跟著一列車子如念珠般的景象，時有所見。

而且，他們不輕易按喇叭（喇叭是遇到熟人時，用來打招呼的工具……）。在離島甚至可以看到有人開車和行人邊聊天（！）邊開的超級慢車。

再度重申，沖繩人沒什麼「趕時間」的概念。為了避免與當地的車發生摩擦，不要著急、配合其他人的速度才是上策。

雖然是剛拿到駕照，但應該沒問題啦……
聽說沖繩人開車都很慢
安啦！安啦！
喔！這種程度我也敢開！
有著沖繩風格，很悠哉地兜風呢……
龜～速～
……
汪汪！
汪汪！
快速通過
悠哉是悠哉，但這樣讓人好火大啊？
速度不快一點的話，開車根本就沒意義嘛……
龜～速～

潛規則6

搭公車時務必小心！

Okinawa Rules

時間緩慢悠閒的沖繩……

話雖這麼說，搭乘公車時多少要有點危機意識。要早早確認公車上標示的目的地，當要搭的公車接近時，得趕快招手，或是及早跑步靠近，否則有可能遇到公車過站不停的情況。

論究原因，是慢性的交通阻塞及通過同一公車站的公車路線過多所致。簡單一句話，就是「沒辦法在每一公車站都停車呀！」(BY 公車司機)。

除此之外，公車也常比表定時間慢個幾分。有些公車站有超過二十條公車路線通過，甚至有公車司機依據個人判斷，認為沒人要搭就過站不停的案例。

自從有人投訴「沒舉手招車，公車就過站不停」之後，情況稍有改善。不過，若遇到好幾輛公車同時到站時，就要注意了。連續三輛以上的公車到站時，要緊盯每輛公車的目的地，如果要搭的公車停在最後，就得趕快跑過去搭。

當然，萬一不是很清楚路線時，與其猶豫不知所措，不如直接問公車司機。由於公車路線複雜，即便是當地人，也常向公車司機確認路線。

另外，沖繩本島以外的離島，有時公車站只是裝飾用的。只要是在公車行經路線，隨時都可以舉手攔車，也可以拜託司機讓自己在適當的地方下車，以搭計程車的心情搭公車。司機和乘客(尤其阿公阿嬤)聊天更是司空見慣，公車上瀰漫著一種溫馨和樂融融的氛圍。

沖繩風格的公車潛規則，會依地區不同而異，提醒大家千萬別大意啊！

Okinawa Rules

交通篇

購物篇

食物篇

街道篇

詞彙．人際關係篇

番外篇

潛規則7

以前是「San A」派
現在是「MaxValu」派

沖繩的超市之間，可說是瀰漫著一股拚個你死我活（?）的競爭火花。

在沖繩縣營業額第一的是「San A」。起於沖繩歸還日本[2]以前的一九七〇年，在那霸以小型的服飾量販起家，而後成為沖繩縣最大的連鎖通路。包括宮古島及石垣島在內，店鋪擴展到整個沖繩縣的超市老品牌。

位居第二、次於San A的超市是「金秀」。二〇〇八年秋天因為販售過期商品而發生問題，但歷經事件後，據說金秀在品質管理體制上已經加強。

說到具沖繩風格的超市就是「Jimmy's」，美國的飲食文化能夠在此得到滿足。起於美軍統治下的一九五六年，由受到美國飲食文化影響的創業者所設立。Jimmy's有如國外超市般，進口商品豐富齊全，一反低卡路里的全民風潮，貨架上陳列著口味濃郁的烤雞、大包裝的零食點心及蛋糕。對於老一輩的沖繩人而言，Jimmy's的蛋糕是「小時候的豪華蛋糕」，現在也被視作伴手禮。

AEON集團旗下的「MaxValu」近年來在沖繩不斷展店。雖是後起的「內地超市」，但由於AEON挾通路業界傑出的實力，導致愈來愈多沖繩人從San A或金秀超市變節。

被MaxValu從後追趕的San A，作為沖繩的在地企業，拒絕和日本本土的企業合作，力圖貫徹「自主獨立」的經營。不過San A是否能繼續堅守獨冠群雄的寶座呢?今後值得注目。

潛規則8

深夜到超市購物

Okinawa Rules

近年來對於便利商店營業到深夜的型態，開始有限制的聲浪出現。不過，要是在沖繩頒布深夜不得營業的規定，很可能會引起暴動(？)。

不僅是超商，沖繩幾乎所有的行業都營業到深夜。二十四小時營業是業界標準。

例如，進行日常採買的超市。雖然日本全國都有二十四小時營業的超市，不過數量有限。而第三十三頁所介紹的「MaxValu」超市，多數的店鋪都是二十四小時營業，根本就是巨型的便利商店，可以深夜若無其事地帶著孩子去購物。沖繩當地的超市「San A」也是二十四小時或營業到一點。

更不用說居酒屋等店家，營業到天亮是理所當然的。

雖然不算二十四小時營業，但過去的鬧區「櫻坂」(現在因為上了年紀的客人多，還有被稱為「年金通」的大街)一帶的酒館，除了營業到早上，連中午也營業，阿公阿嬤們聚集在一起，從大白天就開始飲酒、唱卡拉OK作樂(花的是老年年金……)。

速食店及一般小吃店也很多是二十四小時營業的。意外的是連有的理髮店也開到深夜。沖繩的市區，根本就是不夜城。

沖繩是夜行性社會，多數採取夜間活動的主要原因是為了避免白天的炎熱。

另外，也可以從縣民的低所得著眼，夫妻雙方均就業的雙薪家庭居多，女性在餐飲店等工作到很晚，下班才到超市購物、用餐的需求也是原因之一。

無論如何，沖繩人一到晚上就精力旺盛。

相對的，白天活動力緩慢（工作的幹勁也跟著低落？）或許也無可奈何。

喝太多了呢～
天啊！已經超過一點了！
東看
西看
不快點回飯店不行
能不能叫到計程車呢？
咦？
老先生這麼晚還沒回家？
請問～你們是不是迷路了？
嚇我一跳！（AGIJE）
莫非這就是所謂的「被搭訕」對吧!?
阿公我還挺受歡迎的嘛！
!?
附近有很好吃的沖繩料理店，要不要一起去啊？
是在超市買個泡盛，去海邊開趴也行啊！
耶～
耶～
耶～
耶～

潛規則9

隨時常備「午餐肉」和「素麵」

Okinawa Rules

首先，請先注意一個大前提。當沖繩人拜託說：「去買個PORK回來！」，要是反問：「PORK……是指豬里肌嗎？」就犯了最基本的失誤，會馬上露出馬腳，被發現是外地人。

在沖繩只要提到「PORK」，指的就是「午餐肉（pork luncheon meat）」，即以乳蛋白為媒介，壓縮成塊狀豬肉的罐頭。

由於什錦炒苦瓜等沖繩料理，在日本各地也很受歡迎，所以提高了其他縣市的人對午餐肉的認知。不過，午餐肉其實是從以前開始就是沖繩家庭的必備食材。甚至於超市裡，也會將十多種午餐肉陳列在顯眼的貨架上販售。

其中最主流的兩大品牌，是美國生產的「SPAM」及丹麥產的「TULIP」。目前是TULIP的市場佔有率較大。

午餐肉原是美軍的緊急軍糧，二次大戰後被當作配給物資，漸漸融入成為沖繩人飲食生活的一部分。不過，當時美國生產的SPAM不怎麼受歡迎，所以沖繩的食品批發商——富村商事的社長，便企圖生產符合沖繩人口味的午餐肉，而向丹麥的TULIP公司磋商，遂完成沖繩配方的TULIP午餐肉，就此擴大市佔率。目前沖繩據說是TULIP公司的一大客戶。

喜歡TULIP的沖繩人認為「SPAM的鹽味太重又太油膩，TULIP的鹽味較清淡而且肉較純」。相反的，也有喜歡濃郁味道的SPAM死忠派。不過，近年來SPAM也應時代潮流，推出低卡或低鹽的口味。

對日本其他縣市的人來說，提到沖繩的午餐肉料理，或許只會想到什錦炒苦瓜。不過，在沖繩可會把午餐肉搭配各種食材上桌，有些家庭甚至會把午餐肉加入味噌湯或咖哩中。

順便一提，「鹽漬牛肉馬鈴薯(corned beef hash)」這項由鹽漬牛肉罐頭和馬鈴薯混合製成的加工肉品，也常用來和其他食材一起炒來吃。這種和健康完全搭不上邊、高鹽高脂肪的加工肉品，在沖繩相當受歡迎。

此外，和午餐肉一樣，常備於沖繩家庭中的還有「素麵」(一般說成SOUMEN，沖繩發音則是SOUMIN)。

對於沖繩以外的日本人而言，享用日式素麵、最富夏日風情的做法是「涼拌素麵」，不過在沖繩，素麵可是一整年都能炒來吃的萬用菜色(什錦炒素麵)，颱風來襲時更可當作緊急防災食品。

平凡無奇的午餐肉和素麵，雖然只能算是速食食品，但對沖繩人而言，可是必買的常備食品。

沖繩的「午餐肉」料理之冠，就屬午餐肉煎蛋
荷包蛋（煎蛋）
罐頭午餐肉切片
只要盛盤就完成了。
是大眾餐廳的基本款菜色
我在沖繩第一次吃到時十分震驚
……咦？這裡的PORK是指「午餐肉」!?
在超商買的午餐肉飯糰
大驚！
完全不懂沖繩潛規則時的體驗不過，超好吃～！
更讓我震驚的午餐肉料理是在沖繩料理店吃到的——
炸午餐肉條
只是炸過而已，就超美味～♡
外層酥脆裡面多汁當下酒菜超讚♡
不過，因為太好吃了，忍不住一口接一口
蛤？一罐竟然超過一千卡洛里！
OH!!
我搞不好會變成豬（PORK）

潛規則10

不在國際通購物

Okinawa Rules

觀光客的購物聖地「國際通」，是條從戰後焦土迅速復甦發展的街道。由於長約一英里，因而被稱為「奇蹟的一英里」。

國際通現在的繁華仍未衰退，不過店家多半是觀光客取向的名產店及餐飲店。對沖繩人而言，國際通的地位正在下降。

位於國際通上的知名百貨「沖繩三越」及當地起家的「RYUBO」百貨，也有人氣下滑的傾向。現在沖繩三越的顧客多半是老年人，且都是過節送禮時，衝著三越的包裝而去。RYUBO近年擴充了流行服飾的樓層，企圖讓顧客回流，為保全縣內最大百貨公司的面子奮力一搏。

那麼，吸引在地居民、取代國際通的又是哪裡呢?答案就是歌町(OMOROMACHI)的「那霸MAIN PLACE」。由當地的知名超市San A經營，集結了人氣的流行名牌、咖啡店、雜貨小物店，並結合了大型影城、電玩娛樂中心等設施。為沖繩縣內最大規模的購物中心，廣受年輕族群支持。

歌町地區又稱作「那霸新都心」(為什麼叫做「都心」……?)。這裡原本是美軍基地，自一九八七年全面歸還後，不斷發展。

這裡也設置了日本唯一的DFS(免稅店)，同樣吸引了觀光客前來歌町。如此一來，奇蹟式完全復甦的「國際通」，其地位會不會就此開始動搖呢!?

潛規則11

為了節慶儀式不惜撒大錢

Okinawa Rules

即使是「大而化之」（請參閱第九頁）的沖繩人，也有「這個絕對不能馬虎」的時候，那就是盂蘭盆節、清明（SHIIMII）、農曆新年等節慶儀式。說沖繩人「為了節慶儀式而生」也不會言過其實，車可以開中古車，高速公路通行費可以省，但節慶儀式的花費絕對擺第一優先。

盂蘭盆節分為迎接祖先的「迎祖日（UNKEE）」和分送中元禮的「中日（NAKABI）」，以及送走祖先的「送祖日（UUKEI）」，「送祖日」這天家族全員都要到齊。

老實說，雖然也有年輕一輩的認為「盂蘭盆節好麻煩」，不過為了避免缺席而被重視傳統的父母宰了（！），基本上都會待在家裡。

農曆三月初（國曆約四月上旬），也就是清明，會舉行祖先祭拜儀式，親戚會全部動員到家族（父系親戚關係）的墓前。

一聽可能會以為是肅穆莊嚴的祭祀，不過，喜愛慶典的沖繩人，習慣在墓前載歌載舞、狂飲喧鬧，緬懷（？）故人。

在墓前飲酒作樂可能難以想像，但沖繩的墓地因為整個家族都葬在一起，規模大得令人嘖嘖稱奇，而且造型也很特殊，有像一間房子般的「破風墓[3]」，還有屋頂有如孕婦肚子（有回到生命起源地之意）造型的「龜甲墓」，屬於標準型式。

而且，為了能夠容納聚集前來的眾多親戚，墓地前會確保一個寬廣的空間。如果在報紙上看到廣告上寫著「空間寬到可供兩名成人悠哉地彈奏三線」，那絕對是墓地的廣告（註：三線，有如三味線的沖繩樂器，演奏沖繩民謠時不可或缺）。

另外，清明時節最具清明風情的，就是墓地附近的大塞車。甚至可能因為路邊停車導致交通打結，迫使公車路線變更。

管它公車還是什麼天皇老子，沖繩人可是將「節慶儀式」擺第一。在沖繩人（尤其年長者）的面前，千萬要小心，別衝口說出「清明儀式麻煩死了！」的抱怨。

Okinawa Rules

交通篇

購物篇

食物篇

街道篇

詞彙．人際關係篇

番外篇

潛規則12

提到飯糰的餡料，不是午餐肉煎蛋就是油味噌

把PORK（不是豬肉，請參閱第三十九頁）煎得表皮酥脆，再添上煎蛋的午餐肉煎蛋，這絕對是一道偷懶省事的料理，但可不能小看它。午餐肉煎蛋是定食餐廳菜單上重要的固定班底，也是沖繩的家常菜。說起它在沖繩人心中的地位，講究的人甚至會探究午餐肉的厚度要幾公釐最適合、酥脆需恰到好處的「午餐肉煎蛋之道」（?）的程度。

因此，該說是必然，還是勉強湊合的結果呢？沖繩的靈魂美食「午餐肉煎蛋」和日本的靈魂美食「飯糰」，在一九九〇年後期結合誕生出「午餐肉煎蛋飯糰（簡稱「ONIPO」）」。把弄平整的午餐肉煎蛋硬跟米飯組合的模樣，根本已超越飯糰的概念……不過，不少沖繩人會做來帶便當，早已在沖繩社會中扎根。

另外，也有在午餐肉煎蛋飯糰中包入蕃茄醬或美奶滋等，各種不同的變化吃法，其中最有沖繩風格的大概是包入名為「ANDANSUU」的油味噌。

所謂的「ANDANSUU」，是把豬肉混和味噌製成鹹鹹甜甜的味道，是沖繩特有的味噌。口味濃厚的午餐肉再加上油味噌的濃郁，嗯～完全就是超級大麥克漢堡……

如果說午餐肉煎蛋飯糰是新銳的後起之秀，傳統派就是只包入油味噌一種餡料的「肉味噌飯糰」，還有以沖繩炊飯「JUUSHII」捏成的「炊飯飯糰」。這些都是在沖繩飯糰界，具有死忠支持者的口味。

還有必須注意的一點，這些口味的飯糰，都是加熱後比較好吃。

因此，在沖繩超商購買飯糰時，店員通常會問「要不要加熱？」。這是在日本本土所沒有的習慣，不過只要毫不猶豫地回答「要加熱！」就是正港沖繩飯糰吃法。

想成為道地的沖繩人，就算是個小小的飯糰也有它的吃法，千萬別輕忽，才能出師啊！

姊姊（NEENEE）你們要不要吃「ANDANSU」？
什麼？dance？跳舞？在這裡嗎？
錯了錯了（ARAN）！ANDANSU是油味噌是沖繩的靈魂美食
當作飯糰的料也很好吃喔～
是喔～
飯糰的話，當然是午餐肉煎蛋最棒了！
這才是沖繩的靈魂美食！
說什麼鬼話！裝什麼年輕！
飯糰當然是包肉味噌才好！
午餐肉煎蛋才是心靈良藥（NUCHIGUSUI）！
我、我們兩種都想吃啦！

潛規則13

天婦羅當零食

Okinawa Rules

要把日式天婦羅炸得外酥內嫩，需要數年的磨練，不過沖繩的天婦羅和這麼正統的江戶天婦羅，完全是天差地別。

用漢字表現無法傳神，應該改以沖繩式發音，拉長尾音念作「TENPURA～」才對味。正如發音給人的感覺，天婦羅在沖繩是種可以隨便在街上買來大口吃、當作零嘴的小吃。

味道和我們一般認知的天婦羅也完全不同，外皮並不是一層輕薄的酥脆口感，而是厚而鬆軟的麵衣。食材通常使用魚片、花枝、地瓜，沖繩風格的食材則有苦瓜、水雲（MOZUKU）等。甜甜圈般的麵衣及食材，搭配出意料之外的絕佳口感。因為吃起來像零食，所以很多人會沾伍斯特醬來享用。

當然，不會有高級的天婦羅店，而是小小的店面，由沖繩阿嬤現炸，一串幾十日圓左右就買得到。超市的熟食區也會販賣這種天婦羅，可以當作公司的下午茶或探班點心。常有人買滿滿一大袋，一進辦公室喊著「我買了TENPURA～，大夥兒一起來吃吧」！

沖繩天婦羅可以當作拜訪朋友時簡單的伴手禮，也可以當作孩子們的小點心。

對於其他縣市的人而言，應該難以想像以天婦羅作為伴手禮吧？「TENPURA～」和天婦羅是截然不同的平民小吃。若是收到這樣的伴手禮，不需遲疑，豪邁地「ACHIKOOKOO」（沖繩腔的現炸趁熱吃），沾伍斯特醬吃下肚吧！

潛規則14

分得清沖繩麵、八重山麵及宮古麵的差異

Okinawa Rules

提醒大家一個基本的沖繩知識，在沖繩提到「SOBA（沖繩發音為SUBA）」，絕對不是一般的蕎麥麵，而是指沖繩的庶民美食「沖繩麵」。

而且，石垣島等八重山群島有「八重山麵」，到了宮古島有「宮古麵」，這些具當地特色的湯麵。麵條是由麵粉製成，湯頭一般都是豬大骨或鰹魚熬成的高湯，配料及麵條的形狀各有特色。

八重山麵的麵條細，斷面是圓的，口感軟但有嚼勁，配料通常是豬肉及切細的魚板；一般的沖繩麵是把島辣椒醃在泡盛裡，製成「泡盛辣椒（KOUREEGUUSU）」加入麵裡提味；八重山麵則會撒上島胡椒（稱為PIPAACHI或PIPAATSU的辛香料）。

宮古麵的麵條稍細，不太捲曲、呈扁平狀是其特徵。有趣的是，宮古麵的傳統作法是把豬肉、魚板等配料藏在麵條底下（現在多數是把配料放在麵條上）。

沖繩麵乍看之下大同小異，不過，出身於八重山群島及宮古島的人，對當地湯麵可是情有獨鍾，遷居沖繩本島後，抱怨「吃不慣沖繩麵」的大有人在，所以不能隨便混為一談。

沖繩方言中甚至把為了想品嚐好吃的沖繩麵（包括其他當地特色麵），到各地尋訪的人稱為「麵上戶」（SUBAJOUGUU，「～上戶」代表「喜歡～的人」），可見沖繩麵在當地多麼深入人心。然而，沖繩麵卻有曾經面臨存續危機的時刻。

一九七七年，那是沖繩回歸日本後的第五個年頭，公平交易委員會對於「沖繩麵」這個名稱頗有微詞，原因是「蕎麥粉須佔麵條成分的百分之三十以上，才能稱為SOBA（蕎麥麵）」，沖繩麵違反了全國生麵公平交易規則。

沖繩人為了守住最愛的「沖繩麵」，當時的沖繩縣生麵協同工會理事長，和縣內公平交易室及全國生麵協同工會聯合會會長，甚至直接與東京本廳談判，最後於隔年獲得認可使用「本場沖繩麵」的名稱，並制定十月十七日為「沖繩麵日」。

由此可見沖繩人對於沖繩麵的熱愛之深。為了了解這些想法，應把前人的苦難謹記在心，以成為「麵上戶」為目標，更進一步地研究沖繩麵。

打個比方來說的話，這位姊姊就像八重山麵～
細緻柔和，但麵心紮實！
這位姊姊則是宮古麵！
宮古麵？
風味單純有如少女般！
佳子姊姊就是沖繩麵啦！
泡盛辣椒微辣的口味，是大人才懂的美味！
所以說來四份沖繩麵！
沒問題
還要吃嗎？
姊姊的麵可是心靈良藥啊！

潛規則15

夏天照吃善哉和關東煮

Okinawa Rules

要是聽到「來碗善哉[4]吧！」卻還在心裡納悶「在這種大熱天？」，那麼離道地的沖繩人還有一大段距離。沖繩的善哉又稱為「善哉冰」，是正適合夏天的冰品，和日本本土的熱善哉完全不同。

做法是在煮得甜蜜的金時豆[5]上加刨冰，然後再擺上白玉湯圓。一到夏天，就能在餐飲店的菜單上見到這道冰品，沖繩最有名的店家是「富士屋」。規模大到會在超市設點，甚至提供外送服務。價格上，基本款一份兩百九十日圓，十分平價。和一般以紅豆煮成的善哉相比，沖繩的善哉更能品嚐到豆的風味，白玉湯圓也更為Q彈。

同樣的，在盛夏的大熱天聽到「要不要來碗關東煮？」也不需要太驚訝。

沖繩的酒館街上，關東煮店也是一家接著一家，關東煮是不分季節、整年通吃的下酒菜。不過，使用的食材和日本本土可大不相同。沖繩關東煮的主角是滷豬腳（當地稱為「TEIBICHI」）。標準吃法是把富含膠原蛋白的豬腳滷到入口即化，連骨頭一起放入口中吸吮豬腳肉。

雖然外表看起來並不怎麼好看，但豬腳在沖繩是極受歡迎的食物。在食堂會供應豬腳湯，也有把滷豬腳當配料的沖繩麵。滿滿的膠原蛋白讓人開心，如果想擁有美麗的肌膚，不論男女都應該多吃沖繩風的關東煮！

潛規則16

每個月吃一次肯德基

Okinawa Rules

提到沖繩人喜愛吃什麼肉，一般都會聯想到豬肉。不過，沖繩人其實隱藏了一項不為人知的喜好，那就是他們熱愛炸雞，正確來說是熱愛肯德基。事實上，沖繩一人平均的肯德基消費量，在全國都道府縣中排名第一。

有些家庭會準備白飯和味噌湯，在餐桌正中央擺上一桶肯德基享用。肯德基甚至是盂蘭盆節等節慶儀式或喜慶的必備品，可以綁上繩結裝飾作為參加婚禮的回禮（！），也可以當作伴手禮或禮品，非常受到重視。

說起沖繩特有的食物，還會想到山羊（HIIJAA）。不過，對於山羊肉，即便是沖繩人，也是敢吃和不敢吃差很多，有很多沖繩人是絕對不吃山羊肉的。

據說以前只要逢喜慶，就習慣宰殺飼養的山羊來吃，是珍貴滋養的食材。事實上導致很多沖繩人不敢吃山羊的原因，多是因為山羊的羶味及個人喜好。一般山羊料理有山羊湯及生山羊肉，那種特別的羶味對於愛吃的人來說，是「好吃到受不了！」；對不敢吃的人而言，是「光看就討厭！」。補充一點，吃山羊肉的隔天，身體也會散發出一股羶味……

所以，邀約沖繩人吃山羊料理也要小心謹慎。記住現行的潛規則，喜慶賀禮已非山羊，炸雞才是最佳選擇啊！

潛規則17

熱愛超大尺寸、巨無霸料理

Okinawa Rules

沖繩的超市裡，會發現尺寸大得嚇人的商品，那就是甜麵包。沖繩甜麵包業界的前三名是「Gushiken」、「Okiko麵包」、「第一麵包」。三家不約而同的共通點都是又大又甜。草鞋或棒球手套尺寸的麵包再塞滿甜甜的奶油餡是沖繩麵包市場的主流。

例如，「究極哈蜜瓜巧克力麵包」(Gushiken)打著擁有「究極的大小和美味」的噱頭，尺寸相當於小孩子的臉那麼大！一個麵包的熱量大約有八百四十二大卡(根據該公司官網公布資料)。Okiko麵包則堅持「沙沙口感的乳瑪琳」(也就是加入大量的蔗糖)。他們出品的「超級黑色哈蜜瓜麵包」，是在哈蜜瓜麵包表面裹上一層巧克力，夾心是沙沙口感的乳瑪琳，是招來肥胖的罪惡麵包。以尺寸來命名這點也不馬虎，直接將麵包命名為「超級大的紅豆麵包」、「超級大的奶油麵包」的品項不勝枚舉。

另外，還有算是沖繩名產的「渦卷麵包(UZUMAKIPAN)」。口感稍乾的麵包卷，夾入沙沙口感(裡面當然是包了蔗糖)的奶油餡。沖繩三大麵包公司均以同名販售(Gushiken稱為「螺旋三明治」)，只要是沖繩人絕對都吃過。價廉物美、廣受大眾喜愛。

除了麵包，令人驚嘆的還有大眾食堂的大碗文化。前陣子才盛行一波巨無霸漢堡、超大尺寸商品的風潮，在沖繩可是早就搶先一步流行！沖繩的食堂從很久以前，就以大碗飯及大盤菜為標準份量，菜單上的菜色盡是食用時得費盡心思避免配料崩塌的菜肉麵（NIKUSOBA），或是分量足以供一家四口同享的定食。

就連小酒館之類的居酒屋，有的也會不斷端出免費招待的小菜，該說是大方呢？還是要說沒在計算成本呢？

沖繩的飲食習慣，除了使人上癮，還有肥胖的隱憂。長壽縣的地位似乎岌岌可危啊……

※2013年8月售價為170日圓。

潛規則18

提到喝酒，就是「泡盛」

Okinawa Rules

一說到「SIMA」指的就是島上的酒，也就是泡盛。在沖繩只要提到「喝酒」，不會是燒酎，也不會是日本酒，一定是指泡盛，沒有其他選擇，可以說是非泡盛不可。

喝酒時一開始雖然是以Orion啤酒來乾杯，不過接著上桌的，就只有泡盛和裝了水的酒杯及冰塊。別無選擇，就是調配兌水的泡盛飲用。

要注意的一點是：沖繩幾乎沒有人喝泡盛是只加冰不兌水的。若是裝腔作勢地說「啊，我加冰塊就好！」，可是會被大家排擠的，請務必注意。

另外，沖繩人兌水喝泡盛時，一般都調得較淡。長時間慢慢享用兌水的淡酒才是沖繩風格。沖繩的飲酒聚會通常都很晚才開始、要一直喝到天亮，所以要盡量想辦法，避免喝到爛醉，從兌水的淡酒中就可見一斑（話是這麼說，喝多了的下場還是一樣……）。

其中，也有一開始就先把泡盛和水兌好裝在杯子裡的「兌水泡盛」，這麼做的話，就可以省去每次一一兌水的工夫，對於討厭麻煩的沖繩人而言，也是一種生活智慧（？）。

說起來，有些地方是直接販賣用水稀釋過的泡盛，那就是宮古島。

宮古島有個傳統獨特的「御通（OTOURI）」飲酒方式。簡單地說，就是整群人圍坐著，用一個酒杯輪流說些趣事，不停輪著乾杯的一種喝法，非常可怕。為了這種喝法，而販賣這種一開始就先兌好水的瓶裝泡盛。

閒話一句，宮古島曾在議會中討論過有關「御通」的事，提出「（為了健康著想）停止御通的習慣吧！」不過，當天會議結束後的飲酒聚會上，還是照舊御通喝成一團……留下這令人不覺莞爾的軼事。

沖繩飲酒聚會的第一個前提，就是絕不能開口說「我沒辦法喝泡盛……」。為了和沖繩人打成一片，最好先從練習喝泡盛開始。

Okinawa Rules

交通篇

購物篇

食物篇

街道篇

詞彙.人際關係篇

番外篇

潛規則19

開車去速食店

「熱愛午餐肉」、「熱愛炸雞」（請參閱第三十八、六〇頁），沖繩人對垃圾食物的著迷，簡直不像長壽縣會有的行徑。想當然，他們也「熱愛速食」，從一早吃麥當勞，到聚餐收尾的BLUE SEAL冰淇淋，各個都融入沖繩的飲食生活中。

東京的速食店多半都在車站附近，但沖繩的速食店卻多數位於大馬路旁。因此，通常是全家開車去速食店，得來速的服務自不用說，甚至也有像美國一樣直接由店員把食物送達車上食用的店鋪型態。

事實上，沖繩也是日本首次開設速食店的地方。當時是一九六三年，屬美國資金的速食店「A&W」開幕。沖繩人稱為「ENDAA」，在沖繩特別地受歡迎（過去曾在東京設店，但生意不見起色而撤出）。

A&W支持者最愛的是「樂啤露（root beer）」飲料。

A&W的創始原點，就是在一九一九年，住在加州的Roy Allen為了鼓勵生病的朋友，而著手開發健康飲料。最後他所開發的樂啤露在全美廣受歡迎，因此，除了樂啤露也推出漢堡，使得A&W成為遍布全球的速食連鎖店。

根據A&W官網的說明，樂啤露是「使用十四種以上的藥草樹皮及根部精華調配，有如口中含了大量的香草般的健康飲品」。然而，對於喝不習慣的人而言，就算客套也說不上是順口，真要形容的話是帶點藥味，也有人說它是「可以喝的撒隆巴斯」（！）。對於討厭的人而言，完全是一種難以理解的飲料。

另外，不知該說大方還是不可思議，只有樂啤露是隨時無限暢飲的。明明有大、中、小三種尺寸，為什麼可以無限續杯？算了，反正多多學習沖繩人（以及美國人）的大而化之主義，就別拘泥這些小節了！

基於「樂啤露有益健康」的理由而愛喝的阿嬤也很多，沖繩限定的A&W就是特別受歡迎。不妨放下成見，挑戰一次樂啤露看看。同時，要是能更進一步，愛上默默有很多當地人喜歡、味道有點廉價的橘子汁，就能成為A&W達人了！

這是負責插畫的齋藤我本人的真實故事
在沖繩和A&W同樣受歡迎的速食店Jef
咦～
速食店竟然有章魚飯！
我要點這個！
Jef
TAKO-RICE
附玉米濃湯
奇怪？裡面沒有章魚？
這個味道應該是塔可飯吧!?
驚！
啊～我搞錯了～
不是章魚飯（TAKO-RICE）而是塔可飯（TACOS-RICE）
這在沖繩其實很有名
來沖繩絕對要喝樂啤露！
有喝過的人
呃……我覺得沒有很好喝
在沖繩這種天氣喝才會覺得好喝啦！
嘔～
我就說吧！
真的是撒隆巴斯的味道
聽說喜歡的人就會很愛

潛規則20

其實很喜歡依地區來分派系

Okinawa Rules

「那霸是都會區」——如果詢問住在那霸市以外地區的人，大概會得到這樣的回答。真正的「那霸人」(被稱為NAAFANCHU)也會自稱是都會人，就像住在東京二十三區內的人，會區分二十三區內和外的感覺。

在沖繩人眼中，沖繩本島中部的嘉手納町一帶，就是一分天下的「關原[6]」分界線。從嘉手納町愈靠近那霸市，就愈有都會感，而嘉手納町以北，則給人鄉下的印象。不過，從那霸市往南的系滿地區就是海人(UMINCHU，指漁夫)城鎮。就如有些沖繩人會說「系滿人好可怕」般，說話的口氣較粗暴，充滿漁夫城鎮的男人味。

嘉手納町有八成屬於軍用地，確實就像關原般是個美軍基地的城鎮，而且，緊臨嘉手納町的胡差市(KOZA，現在的沖繩市)也有一股獨特的氛圍。

胡差市鬧區街上一間接著一間的酒吧及音樂酒吧，以美軍為主要客源，雖然靠一晚營收就能買房的盛況，如今幾乎榮景不再，但留下了美國混和亞洲的什錦炒文化(請參閱第九頁)。是沖繩搖滾及哎薩(EISAA，祭祀祖先的祭典。將近百人的隊伍，跳著特有的舞蹈遊行)的聖地，也是「橘子新樂園」等許多音樂人出身之地。

雖然現在已經不使用「胡差」這個地名，但一般人提到這裡，多數還是說胡差市而不說沖繩市(公車的目的地也是寫著「胡差」)。住在胡差的人，通稱「KOZANCHU」，對故鄉的意識也很強烈，檯面下對於那霸人抱著競爭意識。

沖繩本島的名護市以北區域，稱為「山原（YANBARU）」。一如字面上的意思，是個許多自然及野生生物棲息的區域。雖然這裡以農村地區特有的純樸氣息而聞名，但與作為山原中心地繁榮起來的名護市有點不一樣。

有個詞用來代稱住在名護市的人（NAGONCHU，通常唸作NAGUNCHU），叫「名護勝（NAGOMASAA）」，指的是「好勝心強」。名護的特產之一就有名為「名護勝」餅乾，該不會是想和「金楚糕」一較高下!?（應該不至於吧？）無論如何，名護也是個隱藏著對那霸人具有競爭意識的區域。

一方面有著南國開朗單純的性格，但又意外地喜歡製造故鄉與出身派系意識的沖繩人。在請教對方出身時，最好進一步確認屬於哪個地區，這才是締結良好人際關係，讓彼此能夠打成一片的關鍵。

沖繩人都很親切吧～
我是海人啦！
不止親切，也很粗獷！
沖繩人是不是都帶點粗獷氣質呢？
粗獷？
真要說的話應該是搖滾吧？走在流行尖端又愛好音樂
沖繩人大多走在流行尖端又很搖滾，對吧？
強勢
名護勝餅乾拿去吧！
總覺得沖繩人真是難以捉摸……
該不會我們是被討厭了……
我的話很喜歡姊姊你們喔！
那霸人可是很溫柔的～

潛規則21

首里不算那霸市

Okinawa Rules

有個區域，雖然地理位置居於那霸市內，但卻給人獨立國家的感覺，那就是首里。甚至被說「住在首里的人（SHURINCHU，發音為SUINCHU）很驕傲」，首里人通常不喜歡被人與那霸人混為一談。

原因在於首里曾是琉球王朝時期的首都。

琉球王朝時期的象徵——首里城聳立的這個區域，過去曾是城下町[7]。首里現在仍遺留著從前的家屋及鋪石古道，可以充分感受到古都風情。這個由侍奉王室的貴族所打造的城鎮，與商業都市那霸涇渭分明。

過去曾是都城的京都人常直言不諱地說「天皇只是暫借給東京」，他們不喜歡和相鄰的大阪同樣被歸類於關西人。對於首里人而言，大概也是類似的感覺。

另外，在首里置產居住是一種身分地位的象徵。以東京來說，就如同高級住宅區田園調布的地位。當然，並不是所有住在田園調布的人都是家世顯赫的有錢人，同樣道理，首里也有一步登天的「首里暴發戶」，要注意不要把他們和正統的「正牌首里人」相提並論。

就像在東京二十三區，（基於一種默契）會因為不同區產生不同印象，那霸市內也有肉眼難以觀察的區隔，詢問那霸人住在哪裡時，務必確認是市內的哪個區域，千萬不要搞錯對方的身分地位。

潛規則22

在海灘幾乎不游泳

Okinawa Rules

「夏日炎炎不游泳；秋意漸涼不游泳；冬日寒冷不游泳；春寒料峭不游泳。」(BY 沖繩人)

在如此美麗的海洋環繞下，竟然不游泳也太浪費了吧……這是日本本土居民自作多情的感傷，沖繩的潛規則就是「不在海灘游泳」。

更精確地說，是「不穿泳裝」。進入海裡時，「直接穿著衣服泡水」才是常態。追根究柢，其實「不會游泳」的沖繩人很多，旱鴨子的沖繩人一點也不稀奇。

反而應該說，「海灘＝游泳的地方」是種錯誤的認知。在海邊散步、在岸邊放空，沖繩作風就是以游泳之外的方式活用海灘。

其中，最具代表性的活動是海灘派對(在沖繩會用英文腔調來發音，唸作「BEACH-PAARII」!?)。

順便一提，受邀參加海灘派對時，不需要擔心「沒有可以參加派對的服裝」，雖說是派對，但只是在沙灘上烤肉喝酒而已，也就是單純的喝酒聚會。

原本是美軍家庭在海邊烤肉，漸漸潛移默化成了沖繩人的習慣。一到夏天，親戚、同事或友人便聚在一起，熱熱鬧鬧地舉行海灘派對。雖然人數一多就有種事前準備很費事的感覺，不過在沖繩有一套特有的基礎運作機制，提供烤肉用具組、生啤酒機及帳篷等全套出租的服務，在沖繩成了一門生意。

擔負著促進親戚間或公司同事情誼任務的海灘派對，從傍晚開始一直進行到隔天早上的狀況，一點也不稀奇。

徹夜不歸醉倒在海邊的沖繩人也很多（！），一到夏季，常可看到醉酒而在海灘或路邊熟睡的人，開車要小心別輾到人，也要小心被車輾到。

受邀去參加海灘派對，代表踏入了沖繩社交圈一步。大大方方地，抱持著喝到酩酊大醉的決心去參加吧！（不過，千萬別睡在車道上……）

明天中午我們會開個海灘派對
※沖繩縣內的居酒屋
哇！
海灘派對耶♡
盡是些本地的傢伙要來，所以要是你們能來就太好了！
一起來吧！
能夠認識沖繩的帥哥又被邀請參加帥哥派對會不會太讚啦！
正是穿大膽泳裝亮相的好機會
哇嗚～～
偷瞄
偷瞄
明明就是在海灘搞得好害羞啊
怎麼……
超級養眼！

潛規則23

上班也穿沖繩花襯衫

Okinawa Rules

「這裡是夏威夷嗎?」

沖繩是個就算走在商業區，還是會因周遭散發出的南國度假風情，讓人忍不住想大喊「阿囉哈~」的地方。

原因就在上班族也穿著沖繩人自豪的日式夏威夷衫，一般稱為「沖繩花襯衫(KARIYUSHI-WEAR)」去上班。上班族身上穿著有著花俏印花和鮮艷色彩的花襯衫，使人完全感受不到商業區的緊張氣氛。即使他們內心可能有著種種煩惱，外表看起來就是散發出一種悠閒放鬆的感覺。

沖繩花襯衫源白一九七〇年，沖繩觀光聯盟想做出不輸夏威夷的沖繩風花襯衫，於是公開徵求設計並販賣。二〇〇〇年針對九州、沖繩高峰會，進行了沖繩花襯衫的普及活動，於是擴展到了一般民間企業。雖然當時也有人提出異議表示「上班不適合穿著花襯衫」，不過，二〇〇七年內閣閣員為了響應「清涼商務[8]」運動，全員穿上了沖繩花襯衫，代替白襯衫成為夏天的上班正式服裝，因而打開了沖繩花襯衫的知名度。

雖然那些前內閣閣員和沖繩花襯衫不搭到驚人的程度，不可思議的是，只要在沖繩的艷陽下，花俏的沖繩花襯衫就能完全和街景融為一體。若是要成為沖繩正統的商務人士，不要猶豫，立刻準備一件沖繩花襯衫吧!

潛規則24

撐陽傘卻不撐雨傘

Okinawa Rules

沖繩人是種和吸血鬼德古拉一樣，害怕陽光(紫外線)的人種。這也怪不了他們，沖繩的紫外線量超過日本本土十倍以上，強烈的程度根本不能相提並論。要是不作任何防曬措施與陽光對抗，絕對會烤成人乾。因此可想而知，陽傘自然是致力於美白的沖繩女性所必備的防曬工具。

沖繩的女性無不隨身攜帶陽傘，即使是穿著制服的女高中生也打著陽傘。要是看到穿著清涼到處跑的辣妹，那絕對是觀光客，尤其特地前往日光浴沙龍把皮膚曬黑的人，對於沖繩人而言更是不可思議。沖繩人的體內有著盡可能待在能遮蔭處的基因，也就自然而然地養成了夜行性的活動習慣。

另一方面，隨身攜帶雨傘(撐雨傘)的比例極低。這或許是出門多數以車代步所致，但就算遇到下雨，會撐雨傘的沖繩人也是少之又少。

原因是沖繩下的幾乎都是陣雨，突然的大雨下一陣子就停了，所以通常只要等一會兒雨就會停了。畢竟沒幾個分秒必爭、性急子的沖繩人，一想到在雨中撐傘的麻煩，不如等雨停才是上策。

想要充分融入沖繩社會，就別神經兮兮地在意降雨機率！從隨身攜帶折疊傘的處處設想周到中解放，才是成為道地沖繩人的證明！

潛規則25

離島不算沖繩？

Okinawa Rules

從沖繩本島來看整個縣，每個地區的差異更是擺在眼前。

事實上，沖繩光是有人居住的地方就有四十九座島。大致區分的話，可以分為沖繩本島及周邊的宮古、八重山群島，但彼此的歷史、文化、語言有異，導致居民的性格特質也大不相同。

說起宮古島，誠如本書第六十七頁所介紹過的特殊宴會規則「御通」，包括這樣的風俗習慣在內，獨特且活力旺盛的氣質強烈。

形容「宮古人」（MYAKONCHU，指住在宮古島的人，發音為「NAAKUNCHU」）的氣質時，有個詞叫做「ARARAGAMA精神」，這個詞本身含有「跟你拚了」的意思，象徵「不服輸」的精神，這樣的特質讓不少宮古人在企業界出人頭地。因此，常有人欣羨地揶揄說「宮古人真會做生意」、「沖繩的猶太人」，或是說他們「性子太烈，很恐怖」。先不論商場如戰場，宮古人的喝酒方式（御通）確實嚇人……

以石垣島為首，住在八重山群島的人（YAIMANCHU，發音為「YEEMANCHU」），以個性較為溫厚而為人所知，其他沖繩人有時會說他們「難以捉摸，其實滿冷漠的」。

在沖繩以外的日本人眼中，或許有「不都是沖繩人嗎？」的想法，不過，正如本書再三強調的，沖繩人的地域意識就是這麼強烈。島與島之間的較勁，常擦出無聲的火花。

另外，沖繩將縣民會稱為「鄉友會」，也盛行以島為單位（有些甚至更細分到以村落為單位）舉辦同鄉會，藉此更加強化凝聚各島的團結精神。

在離島的人心中，「比起沖繩人，更身為宮古人（或八重山人）」的意識更為強烈。有時離島的人提到「沖繩」時，就是專指沖繩本島。不能因為同屬一個縣，就將他們混為一談。尤其遇到擁有不服輸精神的宮古人，要小心別被「御通」突襲了！

Okinawa Rules

交通篇

購物篇

食物篇

街道篇

詞彙．人際關係篇

番外篇

潛規則26

沖繩以外的都道府縣都叫做「內地」

「內地」是非沖繩人經常聽到的必修詞彙之一，最普遍的應用句是「你是從內地來的嗎？」「你是內地人（NAICHAA）吧？」等等。

所謂的內地，指的是沖繩以外的都道府縣，有時也會使用「大和」、「大和人」的說法（請參閱第八頁）。

這樣明確地區分沖繩縣以外縣市的習慣，源自於琉球王朝原本就屬他國，以及二次世界大戰以後，沖繩有二十七年間處於美軍統治下等歷史背景，造成了很大的影響。「比起日本人，更身為沖繩（琉球）人」這麼說或許有點誇大其詞，但日本本土與沖繩間，即使同屬日本，仍舊隔著一道楚河漢界。

不過，雖然多數沖繩人會用「內地人」這個詞來區隔，但沒什麼別的意思（敵意）。證據就是，觀光時認識的沖繩人會告訴內地人哪裡才是當地人才知道的景點或店家，或是邀內地人參加當地居民的飲酒聚會……都是常有的事。就像沖繩方言中的「有一面之緣就是兄弟（發音為ICHARIBACHOODEE）」一樣，充滿人情味地招待客人（觀光客）也是沖繩人的特質。

另一方面，也有移居到沖繩的人，一直被稱為「內地人」，始終無法融入當地人的情況……沖繩人擁有親切開放的一面，同時也帶著警戒防備的一面，「內地」一詞隱藏著他們對日本的矛盾情結。

潛規則27

無不參與模合

Okinawa Rules

要是聽到「MOAI」，聯想到復活節島摩艾石像，很遺憾的，這就犯了最基本的失誤（在此畫蛇添足地補充一下，澀谷的那尊並不是摩艾石像，而是仿製而成的摩亞石像）。

沖繩人說的「MOAI」是「模合」，和摩艾石像八桿子打不著，是指在金錢方面相互援助的互助會[9]。

模合的運作結構是由朋友、門中（請參閱第九十九頁）或公司同事組成模合會，參加者在固定日期交出每期固定的金額，然後透過抽籤或商量，由一個人收下該期的總額，等到參加者全員都領過錢後一輪結束。

這個做法源自於歉收時，大家合力交出農作互助合作的機制，而後發展成金融上的互助會。雖然因日本各地都發生惡性倒會等狀況而逐漸沒落，但沖繩由於受到戰爭波及影響，金融機關的整頓不及，使得模合再度流行。

沖繩的中小企業很多，對他們而言金融機關的借貸門檻太高，這樣的環境迫使他們發起模合，而這種模合會的每期應付金額較高（高額模合）。普通的每期繳付金額是五千日圓到一萬日圓左右，常用來籌備支付驗車及租賃契約更新的費用。不過也有以此為藉口，行「聚在一起飲酒作樂」之便的的模合會。

只要是居住在沖繩的人，參加兩、三個模合會的情況多得是。接二連三地出席模合會，換句話說就是聚會一場接一場，忙得馬不停蹄的人相當多。

雖然模合被當作是一種評估人際關係好壞的指標，沒參與模合的話會被認為「朋友很少」，不過，參與模合有時也會發生捲款潛逃的糾紛（稱為「滾滾模合GOROGORO-MOAI」）。實際上，據說沖繩有很多捲款潛逃、倒會的民事訴訟案件。

儘管冒著這樣的風險，模合仍是在沖繩建立起人際關係的必要基盤。為了避免被貼上沒有朋友個性孤僻的標籤（!?），最好還是參加吧！

那，我要去出席模合會囉！
路上小心
來（DAA）
乾杯！
拿酒來！
應該很順利吧？
說到那個啊～
呼～ 呼～
我回來了～
一切順利嗎？
很開心啊～
咦？忘記會錢最後怎麼樣了？
算了～沒差
只是單純的喝酒聚會嘛！

潛規則28

長媳「真辛苦」

Okinawa Rules

談到沖繩，有個關鍵的詞是「門中（MONCHUU／MUNCHUU）」。這是統稱父系親戚的用語，在一六〇九年，薩摩藩（島津氏）用武力征服琉球後，在確立身分制度的過程中而逐漸形成、受到重視。沖繩的墓地大得離譜，是因為門中所有的人都葬在同一個墓地（請參閱第四十五頁）。在虔誠祭祀祖先的沖繩，由整個家族守護共同的墓地，是件比什麼都重要的事。

而負責守護門中的墓或牌位（沖繩稱為「TOOTOOMEE」）的是本家的長男（沖繩稱為「嫡子」），安排盂蘭盆節及過年等節慶儀式也都是長男的任務。

事實上，沖繩家庭制度具有強烈的封建色彩，殘留著以男性為中心的儒教因習。男性，尤其是長男，常受到特別優渥的待遇。財產一般也是由長男繼承，簡直公然無視繼承法的相關規定！

最辛苦的是長媳，首先要為各個節慶儀式準備料理、招待酒水，要處處細心，還得承受來自親戚的壓力等，全然無法輕鬆。而從小被寵到大的長男，在關鍵時刻根本派不上用場。「長媳很辛苦（DEEJI）」，所以「盡可能避免嫁給長男」毫無疑問是沖繩女性的共同心聲。

近年來雖有簡化節慶儀式的趨勢，不過一旦嫁給長男，還是必須有相當的心理準備才行。看來和沖繩嫡子談戀愛，還必須考慮到他那一整個大家族呢！

潛規則29

女人比男人更勤勞

Okinawa Rules

上一條潛規則裡，提到和沖繩男性結婚時，必須考慮到一整個家族，現在再加上一條，那就是還要確認對方有無穩定的工作。這是因為沖繩的失業率榮登日本全國第一名！二〇一二年的失業率高達百分之六・八。近年來雖然有稍微下降的傾向，仍然比全國平均高。高失業率，是因為就業機會本身就不多的緣故。然而另一方面，離職率（進公司三年內辭職的比率）也是日本全國第一……令人不禁產生「該不會抗壓性太差？」的疑惑。

實際上，很多沖繩人就算失業，也抱著「車到山前必有路（沖繩方言NANKURUNAISAA，反正自然會解決，不需要杞人憂天）」的想法。待在家裡不僅能白吃白喝，還能等著靠親戚關係介紹工作。萬一有什麼狀況時，也可以投靠門中等親戚，相互扶持。

而且，就算有穩定的工作，沖繩的平均所得偏低（再次重提，沖繩的縣民所得是全國倒數第一……），導致雙薪家庭居多。由妻子日夜工作來支撐起一家的情況，可說並不少見。確實可以經常在市場看到一大早就開始工作的阿嬤，晚上也有不少在餐飲店工作到深夜的女性。

「連個男人也無法養活的話，算什麼女人！」從阿嬤強勢的斷言中，就可知道沖繩女性在社會及家計的地位有多重要。很多沖繩女性對丈夫早已死心，伴隨日本排名第一的失業率，沖繩的離婚率也是日本第一高……

呼籲有著「結婚就要找沖繩女性」念頭、想靠女人吃軟飯的男性，千萬別太天真啊！

潛規則30

飲酒聚會遲到不稀奇

Okinawa Rules

原本約好的聚會，卻因為工作的關係，被迫遲到或放對方鴿子——這是日本各地都可能發生的狀況，但在沖繩發生遲到或臨時取消時，情況可是大不相同。

在沖繩的聚會場合上，沖繩人認為「遲到並不等於做錯事」，正確來說，他們根本沒有守時的觀念。

因此，即使比約定的時間晚到，沖繩人也不會自律地先以手機聯絡「抱歉，我會晚到」，反而普遍抱持著「到時想去再去」的心態。

沖繩這個不夜城，原本飲酒聚會開始的時間就很晚（八點左右去小酒館的話，不是店還沒開，就是連一個客人都沒有），因此，很多人是先回家洗個澡，才再出門的。

雖然很納悶「為什麼是先洗澡？」，總之因為種種原因，很多人都是回家拖拖拉拉才出門，以致遲到的。其中也有在家先悠哉吃過飯後，才好不容易動念：「差不多該出門了」，難以步調一致地赴約。

其中甚至也有突然嫌麻煩，最後失約的傢伙，但絕不能因此而責怪他「沒常識」！對時間寬容（沒有約束力？）是沖繩的風格，也就是所謂的「沖繩時間」（請參閱第九頁），但或許在沖繩人眼裡，對於喝酒聚會，本來就沒有明確的約定時間。

「○月○日晚上，在╳╳店」決定大致的日期及地點，人數及時間都模稜兩可，講得曖昧模糊，正是沖繩聚會的實際情況。

反正仔細一想，這原本就是飲酒作樂的聚會，喝醉了誰還管得了是哪個阿貓阿狗遲到？所以不需要斤斤計較，要是約七點開始的話，帶著「大概七點或八點左右到就沒問題」的準備赴約，這就合格了！

今天來參加聯誼的女生都長得很可愛唷！
有張明星臉喔！
不錯吧！
個性也很沖繩，很大方，和她一起來女生也都是沖繩出身唷！
和你在一起的話
太可惜了
……怎麼搞的？真的會來嗎？
肚子好餓
咕嚕～
剛剛有傳簡訊來啊！
她們說「會過去的，稍等一下」
大口喝
被耍了吧？
晚安～
肚子好餓唷～
10:30
可是為什麼會在外面等呢？
我知道了！是為了醒酒！

潛規則31

搭腔時常說：「所以我就說嘛～」

Okinawa Rules

「為什麼上班遲到了？」

「所以我就說嘛～（dakarayo～）」（對話結束）

在第一〇二頁時說明過，在沖繩的喝酒聚會場合上「遲到並不等於做錯事」，話雖如此，工作上遲到的話，總是有點傷腦筋。這時若問沖繩人遲到的理由，通常會聽到本文一開頭這般，牛頭不對馬嘴的回答。

標準日語當中的「所以我就說嘛～」，通常接著會陳述自己的意見。但是，沖繩的「所以我就說嘛～」，並沒有繼續延伸對話的意思。

這只是單純的搭腔，或是用於既非肯定也非否定時，是句大而化之的沖繩用語。就像「沒錯沒錯，正是那樣～」或是「就是那麼回事啊～（不過我也搞不清楚到底為什麼會這樣～）」的感覺。

「天氣真好～」→「所以我就說嘛～」也可以像這樣應用在日常的應對上，所以是句不知道該如何搭腔時，可以隨時出招的萬用句。因此類似本文一開頭那種，想敷衍塞責時也很好使用（!?）。

例如，經營店家的老闆不太會做生意，因而叫苦連天。

老闆「都沒客人，周轉實在傷腦筋（沖繩腔會說DEEJI）～」

聽者「那，該怎麼辦？」

老闆「所以我就說嘛～」

對話就此打住。當對方說「所以我就說嘛～」，就不宜再追問下去了。對於一定非把事情弄個一清而楚的人而言，可能會覺得很不痛快，不過，像這樣帶著灰色地帶、輕鬆的感覺才是沖繩風格的對話潛規則。

要說理由的話，大概是因為「沖繩＝身邊親友眾多的血緣社會」。要是過度追問對方（親友），這裡可是個沒有退路的小島。若想建立良好的人際關係，窮追猛打絕非上策。雖然過於大而化之，但像這樣保留點模糊地帶，正是沖繩人的善解人意，避開人際關係上的壓力也是一種智慧。

不過……像以下這種「所以我就說嘛～」的用法如何呢？

「沖繩的交通意外還真多，所以我就說嘛～」（這是警方實際使用的慎防交通事故標語）……

什麼？那間店
用餐時間只有兩小時？
竟然有這種店～
……
妳為什麼遲到？
所以我就說嘛～
後來
怎麼樣了呢？
我跟你說～
轉頭
我不是問妳，
為什麼遲到？
所以我就說嘛～
轉頭
汗如雨下
果然只把我
當同事？還是說，
我被小看了？

潛規則32

不能反抗沖繩的「阿嬤」

Okinawa Rules

在長壽的沖繩，常可以看到老婆婆，也就是「阿嬤」的身影。

有一大早在菜市場挑豆芽菜鬚的阿嬤；有在食堂豪邁地吃大碗公飯的阿嬤；以為在速食店應該不至於看到阿嬤了，卻在A&W看到阿嬤一杯接一杯地喝著樂啤露。而且，要是有猶豫著不知該選什麼飲料的人，還可以看到阿嬤強迫推薦：「樂啤露有益健康，喝樂啤露！」（而且是不容拒絕的口氣……）。在公車站詢問哪輛能到目的地時，阿嬤還可能會信心滿滿地把錯誤的資訊告訴人（真是讓人困擾的好心……），但也不能因此而生氣。

在日本本土，老年人常不受尊重。但在沖繩，就算阿嬤說錯了，也一定要點頭附和才行。阿嬤經歷過世界大戰後苦難的時代，扶持著阿公守護全家，在沖繩社會她們的存在可不容小覷。

在沖繩還有叫做「阿嬤小酒館」的店家，一如其名是由阿嬤經營（?）的小酒館，不僅能看到高齡八十歲（自稱六十歲……）的阿嬤深夜仍精力充沛地工作（?），豪邁地大口喝酒的模樣也十分驚人。

「我家還有一百歲的阿嬤，所以我還不是阿嬤唷！」也有這麼主張而自稱「非阿嬤（七十歲以上）」的人，可見阿嬤在沖繩社會上的階級地位有多高。

千萬記住和沖繩的阿嬤交談時，即使對方「把白的說成黑的」，也要點頭不能反駁。

潛規則33

「阿嬤」是尊稱

Okinawa Rules

鶴、龜、牛等動物的名稱及生活中使用的「灶」等，這些都是沖繩阿嬤的名字，絕對不是什麼稀有的名字，而是到處都有的菜市場名。

雖然忍不住想吐嘈「根本不是人的名字嘛！」，不過說得沒錯，沖繩阿嬤就是擁有超越人類的存在感（!?）。在沖繩稱呼人為「阿嬤」（有時候這麼叫對方，也有可能被罵「我又不是你家的阿嬤」，務必小心），無疑是最大尊稱，她們是長壽的英雄。任何人都應毫無例外地「尊敬阿嬤」，這就是沖繩的潛規則。

就算遭受「餵食攻擊」（請參閱第一五三頁）；強迫收下過期的點心或黑糖等伴手禮（沖繩阿嬤很愛給人伴手禮）；或是把愛爾蘭說成「愛你的蘭島」（描寫沖繩的電影《納比之戀10》中，平良TOMI飾演的納比所說錯的話）等，即使錯得再怎麼離譜，以寬容的心接納才是正確的。

另外，沒有紅綠燈時，遇到阿嬤老神在在地過馬路，不論汽車還是機車都要停下來等待，這也是沖繩的交通潛規則，阿嬤的存在凌駕於交通規則!?即使開口提醒，也只會被搪塞一句：「畢竟是阿嬤呀～（沒轍啊！）」，最後只好吞下原本想說的話。

雖然「浪速（大阪）的老媽（大嬸）」被視作日本全國最無敵的生物，不過沖繩阿嬤可是並駕其驅，甚至凌駕於大阪大嬸之上。應該說，她們兩者之間的對決，真是令人既想看又不太樂見的啊……

潛規則34

讚美時就說「上等！」

Okinawa Rules

在沖繩說「JOUTOU」，並不是有意找碴[11]。「JOUTOU＝上等」，就如漢字原本的意義，沖繩人在讚美好東西(上等品)時，會頻頻地使用這個詞。

例如看到有人戴了好錶時會說：「這個手錶，真上等！(這個手錶真不錯～)」；工作上被問到「這個點子怎麼樣呢？」時，也可以回答：「上等耶」！

不僅針對事物，也可以用來讚美人，例如：「那孩子真是上等！(真是個好孩子)」；或是簡單地附和：「上等！上等！(不錯啊！很好呀！)」。使用時不會如漢字字面上那麼慎重，而是更輕鬆地用於事物或人身上。總之，這是個用來讚美人事物，記起來絕不會吃虧的沖繩用語。

另外，還有「DEEJI」也常出現在沖繩對話中。

「DEEJI」的用法，除了像「DEEJI不得了！」帶有「超(very)」的意思，也可以單獨使用「真是DEEJI！」來表示「不得了！」的意思。

也有人明明也沒多嚴重，卻動不動就使用「DEEJI」，所以聽到時別想得太嚴重。記住這個詞就和平時使用的「真糟糕～」「很爛耶～」一樣，是可以輕鬆使用的沖繩用語。

再來，還有一個希望大家學會的沖繩用語是「AGA'！(好痛)」。等到能夠瞬間直覺地說出這句話，就是進階的程度了，離沖繩達人又前進了一大步！

潛規則35

靈活運用三大語尾「～saa」、「～yoo」、「～nee」

Okinawa Rules

語尾加上「～jan」聽起來就會有點東京腔的味道(正確來說是橫濱腔)，同樣的，想說好沖繩腔，最基本的方式就是把語尾拉長。

一般人都知道的是「～saa」。除了「～saa」，還有「～yoo」、「～nee」，只要靈活地使用這三大語尾，就能醞釀出滿滿的沖繩氣氛。

不過，一定要注意重音。例如，同樣是「所以我就說嘛～(dakarasaa～)」，標準日語和沖繩腔兩者的發音就完全不同。

標準日語把重音放在第一音節的「da」，發音時感覺速度較快，但沖繩腔則是沒有高低起伏，悠哉地拉長語尾的感覺，訣竅就是從容悠哉地說出來。

就和「你在做什麼喏？」的京都腔給人優雅從容的感覺般，沖繩腔聽起來悠哉，也是受到語尾拉長的影響。

對於性急的大阪人，以及豪邁的江戶子而言，會覺得「所以我就說嘛～」之後，應該有什麼後續，或許會在心裡吶喊「快點乾脆地招來！」。不過在沖繩則應該忍耐，保持耐心等待的態度。

拉長語尾，讓口氣柔和，不疾言厲色地追根究底，這就是沖繩風的對話訣竅。把這些學好，當作促進人際關係的要訣吧！

潛規則36

「來」就是「去」

Okinawa Rules

在咖啡店閒聊時，聽到沖繩人提出「差不多該走了吧？」的話，該做出什麼反應呢？要是附和說：「也是呢！」起身準備離開的話……很抱歉，這樣會馬上露出馬腳，被發現是外地人。

一般人聽到「來～吧（～shimashounee）？」都會認為是邀約，但在沖繩，卻用來表示「自己接下來要幹嘛」的意志。也就是說，在本文一開始沖繩人所說的意思，其實是代表「（我）差不多該走了」。

比方說，和心儀的對象聊到有關電影的話題時，就算對方說：「這個週末就去看這部電影吧？」，也不是邀約的意思，不要因此就高興到小鹿亂撞、語無倫次，小心被當作怪胎。在路上巧遇待會約好在某家店碰面的朋友時，若對方說：「那就先過去吧？」也要注意，很容易誤以為對方是在邀請「一起過去吧？」，但對方其實只是「我先過去了喔！」的意思。

另外，沖繩人將「來」以完全相反的意思使用。

聽到對方說：「等一下會來你家～」時，要是反問：「誰（什麼）？」就誤會了。

在沖繩，把「來」和「去」當作同樣的意思使用。對方的意思是「等一下會去你家～」，照這樣把「來」和「去」混用，還真的可能發生「錯過」的狀況呢！還是要小心為上比較好。

潛規則37

用名字稱呼彼此

Okinawa Rules

在沖繩，最好也要注意怎麼稱呼對方。一般來說是只叫名字，不加敬稱（如果對方年紀比較大，則加上「SAN」）。很少以姓氏稱呼對方是沖繩的一大特徵。

另外，由於沖繩腔習慣把尾音拉長，比方說遇到名字叫「Takeshi」，就叫成「Takeshii」；名字叫「Kazubiro」時，則叫成「Kaazuu」；遇到名字叫「Hiroshi」，則叫成「Hiiroo」。

普遍都只叫名字稱呼的原因之一，是因為姓氏相同的人過多。一個班級或公司裡可能有好幾個人姓「大城」、「金城」，要是只稱呼姓氏很容易搞混。

另一個原因則是由於親友眾多，小時候取的小名，長大後使用範圍越用越廣。證據就是男性通常會被加上一個「坊[12]」字稱呼，老大不小的中年阿伯還被叫「○○坊」，聽起來有點好笑，不過在沖繩卻稀鬆平常。另外也常聽到「NIINII」（小哥）或「NEENEE」（姊姊）的稱呼，被陌生人叫「小哥」或許會嚇一大跳，不過，沒血緣關係照樣可以這麼叫，最好把這麼方便的稱呼方式學起來。

以名字稱呼彼此，就代表彼此的關係加深。要是覺得不好意思，或是認為對方裝熟就大錯特錯了。不需要害怕，積極地用名字稱呼對方吧！

潛規則38

牙膏叫高露潔，救急絆叫利巴貼布

Okinawa Rules

受美軍統治的影響，沖繩的年長者交談時，常會突然蹦出不可思議的英文單字。例如第八十一頁提到的海灘派對（沖繩人的發音為「BEACH-PAARII」），還有在咖啡店向店家要水時，店員會做確認詢問：「ice water（冰開水）嗎？」（會用英文腔調來發音）；美元會自然地說成「dollar」（沖繩的超市或店舖，會標示美元兌日圓的匯率）。

另外還有把進口商品等國外製造的東西，一律稱為「America」（即使並非美國製造）的阿嬤。

其他，沖繩人熱愛的「吃到飽餐廳」，不會使用日式發音「BYUFFE」，而是用英文腔調發音為「buffet」；鮪魚罐頭也不是念成「TSUNA」，而是念做「tuna」，甚至也有咖啡店將招牌大大方方地直接標示成「KOUHII-SHAAPU」（依日式發音應為「KOUHII-SHOPPU」）。寫成拼音看起來雖然怪怪的，但是按照沖繩人的拼法，唸起來確實更接近英文發音。

另外，牙膏一般都說「高露潔」（簡稱「KORUGEE」），面紙則是稱「Scottie」。高露潔公司是於一八九六年，全世界第一家量產軟管牙膏的美國公司。Scottie也是美國的公司，一八七九年Scottie兄弟以販賣紙袋起家。

至於救急絆，則是美國嬌生公司的「邦迪（Band-Aid）」在全國風行，不過不知為何在沖繩主要是稱作「利巴貼布（LIBATAPE）」。利巴貼布是九州LIBATAPE製藥公司的產品，在九州地區被廣泛使用（順帶一提，九州稱救急絆為「CUT-BAN」；而北海道一般則稱為「SABIO」）。

從阿公阿嬤口中突然聽到英文很驚人，但這也是令人感受到歷史的沖繩特色。不妨藉著這個機會，向阿公阿嬤學習英文的正確發音吧！

佳子姊姊，這是tuna吧？
對呀！
我用海底雞提味
佳子姊姊，給我一杯ice water
咚！
阿公的英文發音超標準的！
大吃一驚！
在沖繩這很正常啦！
不過，最吃驚的是……
歐，耶是（yes）！
海灘派對！海灘派對！
KOUHIISHAAPU
對方應該是在問路吧？
遇到老外時就算不懂也照樣處變不驚

潛規則39

搞不清楚親戚到底有多少人

Okinawa Rules

「親戚總共有多少人？」

一被問到這個問題，多數的沖繩人大概都回答不出來，這是因為「沒計算過」或是「數也數不清」。清明（SHIIMII，請參閱第四十五頁）等節慶祭祀時，才發現同班同學「竟然是表兄弟」等類似的狀況根本司空見慣。初次見面的人一聊之下，才發現其實彼此是親戚關係的情形也很普遍，沖繩遍地開花、盤根錯節的親戚關係，根本就像是宇宙間的黑洞！

不過，一旦確認彼此有親戚關係，就算彼此都是一臉凶狠的中年老頭，也會一下子縮短距離，成為彼此相互扶持的關係。

沖繩的出生率很高（日本第一！），也和親戚很多有關，大家都能幫忙照顧。因此，失業後無所事事的長男整天在家，小孩還一個接一個的生。這種現象該說是樂觀的性格作祟呢？還是大而化之所致呢？

門中（請參閱第九十九頁）的凝聚力之高自是不用多說，有些門中甚至規定一族的男性名字裡一定要有相同漢字。例如盛義、盛康、盛信等，男嬰出生當天，光是取個名字就會引起各種騷動……

不知道正確的親戚人數，這種大而化之心態，以及不太合理的背後，其實有個視親戚關係重於一切的沖繩社會。知道沖繩人的價值觀之後，希望各位好好地深入去理解。

潛規則40

祖先比什麼都重要

Okinawa Rules

盂蘭盆節及祭典等節慶儀式，雖然在日本逐漸式微，但沖繩人仍舊一板一眼地重視著。這是因為沖繩有他們獨具一格的宗教觀念，沖繩幾乎沒有佛教等宗教信仰，基本上是祭祀祖先。

因為從小就開始參加盂蘭盆節及清明等傳統儀式活動，即使有點不良的年輕人，也保有重視祖先的古風。

進入青年會，跳著「哎薩」敬祖傳統舞蹈的年輕人相當多，這也是沖繩獨有的現象（也有人說，哎薩對於防止沖繩的青少年不良化頗具貢獻）。

另外，把重視父母的觀念融入歌曲中傳唱的「教訓歌」（民謠）也是一大特色。

其中，那霸的〈鳳仙花〉及八重山的〈教訓之歌〉最廣為人知。

這兩首曲子加上宮古民謠的〈別因習慣而大意〉[13]稱為「沖繩三大教訓歌」，其中只有〈別因習慣而大意〉有著「我是不會原諒你拈花惹草的唷！」的歌詞，勸阻花心的成人（?）內容（據說原始的歌詞更為香艷，後來才改寫成現代版的歌詞……）。

要是想得到沖繩人的歡迎，好好理解像這樣的傳統儀式及地方活動，之所以能夠長久持續的意義也是很重要的。

不用說，這些儀式活動盛行的背後，當然還有個「找個理由讓大家聚在一起喝酒」的精神在支撐，沖繩人就是熱愛祭典、愛熱鬧嘛……。

Okinawa Rules

交通篇

購物篇

食物篇

街道篇

詞彙．人際關係篇

番外篇

潛規則41

婚禮請兩百人左右
沒什麼好大驚小怪

這年頭的婚禮，一般而言都有點無趣。

主管的婚禮致詞無聊透頂，播放新郎新娘童年的照片，也難免令人覺得千篇一律，賓果遊戲更早就玩膩了……

說得刻薄一點，婚禮不過是讓新郎新娘自我滿足罷了，參加者也是隨便地吃吃喝喝就曲終人散，一般的婚宴都是循這樣的模式進行。

不過，參加沖繩的婚禮，絕對不會有感到無聊的空閒。不，與其說是婚禮，不如說是集合表演節目的大型宴會！沖繩的婚禮會場前後設置了舞台，大家載歌載舞或是表演短劇，是新郎新娘及參加者全體演出的才藝大會。

舉杯過後，婚禮通常是以沖繩舞蹈開場。一般是跳〈御前風節〉[14]，然後再由親戚的孩子們跳哎薩，朋友表演短劇，專家級的阿公阿嬤使出渾身解數表演舞蹈或演奏三線等，令人目不暇給。當然，新郎新娘也不只是穿著禮服坐著供人觀賞而已，他們也必須用心準備才藝來表演。

沖繩原本就具表演天份的人很多，就算平時只是普通的上班族，也常能秀一手專業級的舞蹈或太鼓。當然，他們為了磨鍊技藝，也很認真練習，接近同事大喜之日時，甚至會把工作拋在一邊（!）練習表演節目。

接著，婚禮最後一定會以「琉球手舞（請參閱第一三六頁）」作結，基本上是參加婚禮者全體參與。要是因為不好意思就坐在座位上，反而會覺得更不好意思。

參加人數眾多也是一大特徵。親朋好友加起來不邀請個兩、三百人，面子就掛不住了。簡直就是藝人等級的規模！不過，紅包通常是包一萬日圓左右，婚禮儀式也會盡可能避免花大錢。

沖繩風格的婚禮，比起形式，更重要的是參加者全體同樂。另外，在沖繩遇到婚禮日期快到時，記得全力以赴投入才藝練習，把工作放一邊才是正確（？）做法。

熱鬧
熱鬧
熱鬧
熱鬧
哈哈哈哈
啊！要生了！
接下來表演的是新娘的好友……
一、二、耶～～～
張張
慌慌
接著出場的是新郎的同事
嘿
嘿
嘿
快去醫院！快！
哇！
哇！
恭喜！
哇！
跳舞吧！
叮咚叮咚
插播快報！
剛剛新娘已經在醫院生下一個健康的女寶寶！

潛規則42

吹指笛、跳琉球手舞

Okinawa Rules

婚禮等慶祝活動一定伴隨著「指笛」及「琉球手舞（KACHAASHII）」。

在日常的宴會中，一族當中只要有一個三線的名手悠悠地彈出旋律，再加上有人吹奏指笛，就會自然而然發展成參加者全體跳著琉球手舞的狀況。

所謂的指笛，是靈活運用食指吹奏出獨特音色的口笛，經常在民謠合奏時吹奏。不過，據說原本是海人（UMINCHU，沖繩方言的「漁夫」）在海上使用的暗號。

指笛的吹奏方式，通常是將拇指及食指放在口中，配合呼吸吹出音色，但需要相當的技巧。大部分的沖繩男性，都是由擅長吹奏指笛的阿公教導，再加以勤奮練習。不過，並不是全部的人都會吹，也有很多人抱著遺憾而放棄。

琉球手舞在沖繩方言中是「擺動」的意思，顧名思義就是把手舉到頭上左右擺動，扭動身體的傳統舞蹈。

初學者也可以輕易地邊看琉球手舞邊模仿著跳，不過跳得好與不好，資歷還是有很大的差別。尤其是阿嬤老練的琉球手舞可是無人能敵！或許這也算是一種英才教育。笨手笨腳的沖繩人，據說私底下多少有點自卑感。

琉球手舞也有「在場的所有人分享彼此喜悅」的意思。所以若有人邀請說：「跳吧！」時，覺得難為情就太不識趣了，再怎麼笨手笨腳還是要參與才符合禮節。

潛規則43

沒有固定就診的醫生，只有固定請示的靈媒

Okinawa Rules

沖繩的靈媒稱為「YUTA」。一說到靈媒，好像給人恐怖陰森的印象，不過在沖繩可是相當親近的存在。

打個比方來說，有點像是固定就診的心理諮商師及醫師加起來再除以二。可以找靈媒商量各種煩惱或身心不適，也可以請他們代為驅魔避邪。

話雖這麼說，他們並不是掛招牌做生意的，不是在地沖繩人的話，突然要找個靈媒相當困難。沖繩人是從社交圈中認識靈媒，然後為了找到靈驗的靈媒，再一位一位的請示。

現在已經不像從前那樣，不論做什麼都要照靈媒指示，不過，當小孩生病時，會帶去給靈媒看等，只要是沖繩人多半都有一次看靈媒的體驗。其中也有「被用拖鞋敲打」(?)這種沒根沒據的避邪經驗，不過，基本上沖繩人仍對靈媒有信任感。

除了靈媒，鎮座在每家的屋頂及門柱上的「沖繩獅子(SIISAA)」、四散於道路各處的「石敢當」(驅魔石)，以及神明所寄宿的神聖場所「御嶽」，這些都是沖繩特有的元素。由於佛教紮根不深，讓沖繩有著獨特的信仰文化。

若是抱著「我才不信這種東西！」的想法，也千萬別輕視這樣的信仰，據說在聖地(聖嶽)亂拍照片可是會遭到天譴的，必須小心為上。

潛規則44

必看沖繩代表出場的甲子園

Okinawa Rules

沖繩代表校出賽甲子園的日子，沖繩的經濟活動會完全停滯。

不，這絕不算過分誇張。就像大阪人持續支持阪神虎、名古屋支持中日龍一樣，沖繩人支持甲子園，不，應該說他們把性命貫注在甲子園的沖繩賽事上。

如果問是工作還是甲子園優先，沖繩人絕對會毫不猶豫地回答甲子園優先。上班時間對工作隨便交差，緊盯電視轉播賽況的人相當多。

在甲子園大賽之前，必須先看前哨戰——全國高中棒球各縣聯賽，沖繩人能夠熟知高中棒球選手的情報，都是拜高中聯賽所賜。因此，春夏的球賽季節來臨時，食堂等餐廳裡的電視，自然播著高中棒球賽事轉播，可沒得轉台。

當做好萬全準備就等甲子園到來，從沖繩出發的機票並不便宜，但相關人員一定會跟到甲子園去。工作請假，帶著被開除的覺悟也要前往甲子園的勇者，令人嘖嘖稱奇。

而留在沖繩的人，當然要守在電視機前，持續為球隊喊出「CHIBARIYOO！（沖繩方言的加油）」支持他們。如果在比賽期間打電話打擾人，很可能會被罵沒常識。

二〇〇六年，首次由沖繩本島以外的離島——石垣島的八重山商工代表沖繩出賽甲子園，拿下三連勝而引起廣大討論。《南方島嶼的甲子園》[15]（下川裕治著）這部作品，正是以該屆大舉晉級的壯舉為背景所描寫，只要讀了就能從對甲子園狂熱的人們，了解沖繩人的心理。

甲子園球場的阿爾卑斯看台[16]上滿是飲酒作樂、載歌載舞的騷動（八重山商工側的看台區，更有著驚人的啤酒銷售量）。整場唱著加油歌〈你好，歐吉桑〉[17]，跳著琉球手舞。就連加油也要充分享樂，正是沖繩的作風（因為加油過度誇張，還被日本高中棒球聯盟警告過……）。

沖繩風格的甲子園娛樂方式，和一般所認知的「熱血運動精神」，是不太一樣的世界。

當棒賽季節來時，不妨先從各縣聯賽開始關注，先從記住實力派選手的名字開始吧！

沖繩人對甲子園的狂熱應該可以擅自列入前四名
當沖繩代表出賽甲子園時，公民館會播放集合廣播
叮咚 叮咚
大家集合
一起去加油吧！
BEER
一開始轉播後，以車代步為主（參考潛規則1）的沖繩道路上，汽車竟然消失無蹤
空蕩蕩
平常只有NHK轉播
但決賽連民營電視台都會換節目現場轉播
吵雜
吵雜
吵雜
吵雜
吵雜
吵雜
※2008年 春季 沖繩尚學高校決賽（冠軍）
配合甲子園而加開的加油班機
CHIBARIYOO！
※加油！
※2005年 夏季 沖繩尚學高校首戰

潛規則45

提到報紙，就是琉球新報和沖繩時報

Okinawa Rules

沖繩本島的報紙選擇，就是琉球新報和沖繩時報兩種。

全國性的報紙（沖繩稱為「本土紙」）都是從日本本土空運到沖繩，所以早報要下午才會到（日經新聞從二〇〇八年十一月開始在沖繩印刷），而且幾乎沒有刊登有關沖繩的報導。對於蒐集話題比什麼都重要的沖繩而言，完全派不上用場。雖然有人為工作或充實新知而閱讀朝日新聞或日經新聞，不過基本上公司還是會加訂地方性的報紙。

沖繩報紙的特徵，有以下三點：

①都是地方上的話題

②訃聞大篇幅地刊登在報上

③墓地的廣告十分醒目

這三項特點中，①大概是所有地方報紙的特色，②和③則是沖繩獨有的，尤其是②的版面之大，根本是其他地方報紙所望塵莫及的。

令人驚訝的是，單一則訃聞的版面，大到會令人忍不住想吐嘈：「這是哪一家大企業的社長嗎？」。不過看到喪家從親戚到朋友，一大堆的名字並列在上面（！）時，好像就能了解為什麼要這麼大的空間了。看了訃聞，就能一眼看透去世者的家庭結構及人際關係。而且通常會在琉球新報和沖繩時報兩報同時刊登。

沖繩人為了不漏看友人的訃聞，會很仔細地確認。就和婚禮一樣，許多親戚朋友都會在葬禮上齊聚一堂。

訃聞多，相對地墓地的廣告當然也多。就如第四十五頁說明的，墓地不光是用來埋葬死者，也是每次儀式活動時，聚集家族全員的地方，所以也是祭祀祖先的核心主體，不容隨便決定。

至於離島的話，宮古島地區有「宮古每日新聞」、「宮古新報」；八重山地區有「八重山每日新聞」、「八重山日報」，儘管地區面積不大，仍各有兩報共存。

地方資訊的蒐集，在沖繩比什麼都重要。要好好確認地方報紙的消息，這可是經營人際關係時不可欠缺的一招。

我有買沖繩紀念品喔！
哇！
謝啦～
酒和沖繩獅子
拆開
哀悼在天之靈
音容宛在
這……是什麼詛咒嗎……？
希望只是單純的惡作劇
别沒的意思

潛規則46

其實對毛髮濃密感到困擾

Okinawa Rules

雖然也有女性抱著「隱隱約約露出的胸毛好性感！」的想法，但就普世的審美觀來說，比起茂密的體毛，還是光滑乾淨比較受歡迎。這使得許多男性也開始上美容沙龍，不過，沖繩卻與流行背道而馳，生下的盡是毛髮濃密的孩子。

沖繩方言中稱毛髮濃密的人為「KIIMAA」，而且不只是毛髮濃密這麼簡單，根本是毛絨絨的，許多沖繩男性的濃密程度，完全超乎外地人的想像。雖然因人而異，不過毛髮濃密的人，通常背部及胸前都長著呈漩渦般生長的茂盛體毛。真是令人忍不住想問：「其實是假毛吧？」的程度。

其中也有接受「光滑乾淨＝比較受歡迎」這樣普世的審美觀，而股起勇氣挑戰除毛的沖繩男性。不過，偶爾會發生以自己的方式亂除毛之後，反而更加濃密而悔不當初的悲劇。

女性雖然不像男性這麼嚴重，但也有毛髮濃密的傾向。而且煩惱遠遠超越沖繩男性。諮商的內容也常出現「毛髮濃密問題」，案例異常地（？）多。

說到為什麼沖繩人會有這麼多「KIIMAA」，原因眾說紛紜，其中有「和沖繩人的基因有關」，以及「為了防止紫外線傷害所以毛髮較為濃密」等說法。

乍看之下，他們看起來毫不在意，但其實很多沖繩男男女女都為毛髮濃密所苦。要是看到小腿或手臂、胸口長著茂盛體毛的人，希望大家控制住自己，盡量不要盯著瞧。

潛規則47

曾經（在酒席上）爭吵過沖繩獨立話題

Okinawa Rules

沖繩人日常對話的內容，通常是關於親人或周遭附近等地方性話題。

或許會懷疑「有那麼多話題好聊嗎？」，但隨便舉個「○○結婚(離婚)了」、「××的長男讀國中了」、「△△生小孩了」、「○○的爺爺過世了」等婚喪喜慶的話題就聊不完了，這就是沖繩血緣關係濃厚的特徵。此外，若是同事或朋友間，更經常會聊到較為嚴肅的「沖繩、沖繩人論」話題。

在居酒屋喝酒時，常會聽到其他人談論「所以說沖繩人根本不行」的沖繩人論戰，或者是憂心沖繩經濟過度仰賴觀光及美軍基地的爭論(加上公共投資，取三者的字首就是所謂的「三K經濟」)。也有人酒愈喝愈多，就更加熱烈地爭論「沖繩應該獨立」、「應該從日本獨立出來」等獨立派論點。

當然有人只是藉酒裝瘋(幾乎都是！)講講而已，但不僅這樣，實際上也常聽得到「日本政府為了壓制美軍基地，並不希望沖繩能夠真正經濟獨立」的看法。歷史所造成的影響，至今仍不容輕忽。

不過，多數沖繩人並不是「真心」希望沖繩獨立，因此聽到他們高談闊論聊獨立時，不需要太緊張，只要把這些言論視作是對故鄉的熱愛即可。

當然，對於「沖繩獨立論」，非沖繩人可不宜隨意插嘴，局外人還是謙虛地聆聽才好。

潛規則48

出外打拼以返鄉為前提！

Okinawa Rules

對住在外地的沖繩人（被稱為「島內地人（SHIMANAICHAA）」）而言，在盂蘭盆節或過年返鄉時，享受一家團圓和樂的同時，也有著煩人的一面。

首先要去拜訪親戚，對著佛壇合掌祭拜後，就得接受「餵食攻擊（KAMEEKAMEE-KOUGEKI）」（沖繩腔的「KAMEE」＝吃，也就是不斷逼人吃吃喝喝的攻勢，阿嬤的餵食攻擊更是難以抵擋！），接著還要承受以下的盤問攻擊：

「為什麼在東京（或是其他縣市）工作呢？（沒有必要逞強在都市工作嘛～）」

「什麼時候打算回來呢？」

如果是長男，可能還會被追問：

「墓地打算怎麼處理～？」

沖繩人的價值觀認為，要住的話當然是沖繩最好住&負責守護家族墓地的長男怎麼可以不在沖繩！（參考第九十九頁）要是不住在雙親身邊更是罪加一等，恐怕會被批評為不孝子。

沖繩人就是會被這樣逼著返鄉，不過自行返鄉的比率遠比繼續反抗的人高得多。

即使少數沖繩人會強硬地表示「我不回沖繩！」，但大部分的人過了三十五歲以後，就會對都會生活感到疲倦，凝望著故鄉說：「還是回去好了～」

另外，也有很多住在外地的沖繩人，會因為想念家鄉味而群聚在沖繩料理店。

反正，原本要進的墳墓就在沖繩，因此一浮現「我的棲身之處終究還是沖繩」的念頭，很容易就突然發展成決定返鄉的狀況。

雖然了解返鄉就業的困難，但熱愛沖繩的基因不可能輕易抹除，沖繩人註定無法在其他地方生活！

我叫金城盛義
從沖繩來到
遙遠的東京打拼
轉眼已經十年
在六本木大啖壽司
真好吃～
大間產的鮪魚
很棒吧？
現在是擁有一千名
員工的IT社長
貴婦名媛齊聚的派對
作為一個
人人稱羨的成功人士
成功打入
名媛貴婦的社交圈
啊！
有蟲！
討厭～
驚！
不過深植體內的
DNA真的
無法說丟就丟
耶～呀～
薩
哎～
果然是時候
返鄉回沖繩了！

※ 聯想到琉球手舞

潛規則49

「大而化之」是了不起的處世之道

Okinawa Rules

全國第一＝完全失業率、離職率、轉職率、歇業率、新鮮人無業比率、離婚率

全國倒數第一＝縣民所得、新鮮人起薪、有效求職率、存款金額

二〇〇七年，根據縣廳所發表指標，沖繩竟然榮獲多項日本第一！

不，說「榮獲」，應該沒人會對這些第一感到開心。應該說，經濟狀況怎麼會這麼惡劣！不過，沖繩人倒是覺得「車到山前必有路」（NANKURUNAISAA，反正問題最後總會解決，不需要擔心的意思）。

「說什麼車到山前必有路，太不像話了！給我認真地擔心一下未來！」或許會有人忍不住想說教……在此希望各位回顧一下沖繩的歷史，因為對沖繩的一連串考驗，並不是現在才開始的。

沖繩先是由於薩摩藩的侵略而變成日本屬國，接著太平洋戰爭時，日本唯一的陸戰發生在沖繩，死傷無數（包括自殺者），經歷美軍統治……最後終於在一九七二年回歸日本。

今日所見的沖繩，經歷了許多激烈的歷史震盪，除了因此導致經濟復甦遲緩，亦遭受許多颱風侵襲的天災。即使如此，沖繩人依然互相幫助（沖繩方言稱為「YUIMAARU」），肩並肩生存下來了。

想要沖繩人嚴肅地去思考一件事，他們會以「太熱了～」推拖，還是那個悠閒的老樣

子，但這也許就是他們強韌的原因。正因為持續不斷的考驗，才造就了沖繩人這樣既往不咎的樂觀特質。

是的，正是所謂的「大而化之（TEEGEE）」。雖然解釋成「過得去就好」不怎麼中聽，但並不是「過得去就好地活著」，而是「為了活下去，過得去就好」。儘管現實再怎麼殘酷，沖繩人還是能保持一副安然、樂觀的樣子，這全歸功於這樣的大而化之主義。

生活在周圍都是親朋好友，彼此沒什麼心機的沖繩，大而化之導致沖繩人缺乏競爭動力，或讓他們人好到幾乎是「爛好人」的程度，但不能只從表面切入。

沖繩社會的基礎是建立在同身為沖繩人的共識，以及不論發生了什麼，都有家人或祖先守護著，所以才能幸福的概念上——為了避免破壞這樣的社會「基盤」，正需要「大而化之主義」。當然，復興沖繩、讓沖繩經濟獨立也很重要，但毋須就此捨棄正面的「大而化之」。

日本由於受到難解的壓力及景氣倒退影響，壟罩著一股低迷的氣氛。不過，不景氣對於沖繩人而言，也只是「事到如今也只能這樣」而已……啊，大而化之無敵！

現在也許正是時候，讓日本人重新審視沖繩這種大而化之精神的價值。

繼「不能浪費（MOTTAINAI）」（請參考二〇一六年五月出版的《別傻了，這才是名古屋》一書）的名古屋精神之後，接著就靠「大而化之」來拯救世界啦！（或許吧……）

我被公司裁員了……
消沉~
咚!
波山
車到山前必有路!
喝吧!
男朋友不要我了!
嗚哇~~~~
滿滿的菜
車到山前必有路!
吃吧!
我覺得啊~
每次和老闆聊一聊
就覺得自己的煩惱
根本不算什麼!
來,喝一點吧~
謝謝!
不知該說是他胸襟開闊
還是很可靠
總之老闆真的很溫暖
居酒屋的大而化之
今晚也有受
都會波濤洶湧
所苦的男女,
哎呀!
什錦炒苦瓜
竟然忘了放苦瓜~
算了!
車到山前
必有路!
來這裡
洗濯心靈
哈哈哈
哈哈哈

註釋

1. 日文原文為「ナンギ」，發音為NANGI。原指難如登天之意，沖繩腔的用法比較日常，是「辛苦、不得了」的意思。
2. 一九五一年所簽訂的《舊金山和約》中，日本同意美國取得沖繩行政權、立法權、司法權歸屬，並於沖繩建立美軍基地。直到一九七二年美國才把沖繩主權歸還給日本。
3. 破風墓，屋頂使用博風板的形式，呈三角形，兩端伸出山牆之外。「破風」是博風板自中國傳入時產生的音變。
4. 善哉，日文原文為「ぜんざい」，發音為ZENZAI。是一種在蜜紅豆中加入年糕或白玉湯圓的甜品，一般來說，關東的善哉使用的是沒有湯汁的紅豆泥餡；關西的善哉則是帶顆粒的紅豆湯。
5. 金時豆，菜豆的一種，比一般紅豆大粒，呈橢圓形。
6. 關原，日本歷史上關原之戰的戰場，此戰也被譽為「一分天下的戰爭」。
7. 城下町，以領主居住的城池為核心而建立的城鎮，即腹地。
8. 清涼商務，為前日本首相小泉純一郎於二〇〇五年推動的政策。為了減少能源消耗，鼓勵在夏季調高空調溫度，並推行的衣物輕量化運動，讓日本上班族工作時不必穿著全套西裝，改穿短袖白襯衫等輕裝。
9. 類似台灣民間的標會。
10. 原名《ナビィの恋》，一九九九年由中江裕司所執導的電影。
11. 日文中的「上等（じょうとう／JOUTOU）」除了「上等」的意思，一般也常用於表示「你真有種」、「你膽子真不小」……等「反諷」語氣，不良少年或流氓經常用來挑釁對方。
12. 坊，發音為BOU。「坊」字在日文中一般用來稱呼年幼的小男孩，帶有親暱的意思。
13. 日文原文為「なりやまあやぐ」，發音為NARIYAMAAYAGU。
14. 御前風節，日文原文為「かぎやで風節」，發音為KAGIYADE-FUUBUSHI。於慶賀場合開場時演奏的沖繩傳統樂曲。
15. 原名《南の島の甲子園》，於二〇〇六年出版。
16. 阿爾卑斯看台，甲子園球場完工五年後（一九二九年），為滿足座位需求，在內野與外野之間所增設的座位。漫畫家岡本一平當時看到看台上滿是穿著白色襯衫的球迷，便在新聞專欄上稱之為「阿爾卑斯看台」。
17. 原名為〈ハイサイおじさん〉。

參考文獻

《沖縄・離島のナ・ン・ダ！？》 沖縄ナンデモ調査隊著　双葉社
《ハイサイ！　沖縄言葉》 藤木勇人編　双葉社
《もっと知りたい！　本当の沖縄》 前泊博盛著　岩波書店
《沖縄学——ウチナーンチュ丸裸》 仲村清司著　新潮社
《住まなきゃわからない沖縄》 仲村清司著　新潮社
《沖縄オバァ烈伝》 沖縄オバァ研究会編　双葉社
《沖縄ナンクル読本》 下川裕治、篠原章編著　講談社
《沖縄大衆食堂》 仲村清司＋腹ペコチャンプラーズ著　双葉社
《南の島の甲子園　八重山商工の夏》 下川裕治著　双葉社
《旅するキーワード　沖縄》 下川裕治監修　双葉社
《沖縄にとろける》 下川裕治著　双葉社
《沖縄のうわさ話　白版》 tommy編　ボーダーインク
《うりひゃー！　沖縄》 アジア光俊(文)、よねやまゆうこ(繪)　光文社
《癒しの島、沖縄の真実》 野里洋著　ソフトバンク新書
DVD《ナビィの恋》 バンダイビジュアル

＊其他請參考各公司、自治團體的官網。有關沖繩的方言，採用了沖繩出身的照屋SONOKO之意見。此外，本書是經過許多沖繩人的寶貴意見與想法所完成，非常感謝各方協助。

國家圖書館出版品預行編目(CIP)資料

別傻了 這才是沖繩：泡盛・花襯衫・不會騎單車……
49個不為人知的潛規則 / 都會生活研究專案著；卓惠娟譯．
——初版．——新北市：遠足文化，西元2016.04
——(浮世絵；9) 譯自：沖縄ルール
ISBN 978-986-92604-9-7(平裝)

1. 生活問題 2. 生活方式 3. 日本沖繩縣

542.5931 105000458

浮世絵9——沖繩

別傻了 這才是沖繩

泡盛・花襯衫・不會騎單車…
49個不為人知的潛規則

作者 都會生活研究專案
譯者 卓惠娟
總編輯 郭昕詠
責任編輯 陳柔君
編輯 賴虹伶、徐昉驊、王凱林、黃淑真、李宜珊
通路行銷 何冠龍
封面設計 霧室
排版 健呈電腦排版股份有限公司

社長 郭重興
發行人兼
出版總監 曾大福
出版者 遠足文化事業股份有限公司
地址 231新北市新店區民權路108-2號9樓
電話 (02)2218-1417
傳真 (02)2218-1142
電郵 service@bookrep.com.tw
郵撥帳號 19504465
客服專線 0800-221-029
部落格 http://777walkers.blogspot.com/
網址 http://www.bookrep.com.tw
法律顧問 華洋法律事務所 蘇文生律師
印製 成陽印刷股份有限公司
電話 (02)2265-1491

初版一刷 西元2016年4月
Printed in Taiwan
有著作權 侵害必究

OKINAWA RULES by TOKAI SEIKATSU KENKYU PROJECT[OKINAWA TEAM]
© TOKAI SEIKATSU KENKYU PROJECT[OKINAWA TEAM] 2009
Edited by CHUKEI PUBLISHING
First published in Japan in 2009 by KADOKAWA CORPORATION,Tokyo.
Complex Chinese translation rights arranged with KADOKAWA CORPORATION ,Tokyo through AMANN CO.,LTD.